The Cambridge Modern French Series
Middle Group

GENERAL EDITOR: A. WILSON-GREEN, M.A.

LE RAYON DE SOLEIL
ET D'AUTRES CONTES

RENÉ BOYLESVE

(de l'Académie française)

LE RAYON DE SOLEIL
ET D'AUTRES CONTES

WITH EXERCISES AND A VOCABULARY

BY

ARTHUR WILSON-GREEN, M.A.

Radley College

CAMBRIDGE

AT THE UNIVERSITY PRESS

1924

CAMBRIDGE
UNIVERSITY PRESS

University Printing House, Cambridge CB2 8BS, United Kingdom

Published in the United States of America by Cambridge University Press, New York

Cambridge University Press is part of the University of Cambridge.

It furthers the University's mission by disseminating knowledge in the pursuit of education, learning and research at the highest international levels of excellence.

www.cambridge.org
Information on this title: www.cambridge.org/9781107629158

First published 1924
First paperback edition 2014

A catalogue record for this publication is available from the British Library

ISBN 978-1-107-62915-8 Paperback

GENERAL INTRODUCTION

THE aim of the Cambridge Modern French Series is to offer to teachers French texts, valuable for their subject-matter and attractive in style, and to offer them equipped with exercises such as teachers who follow the Direct Method have usually been obliged to compile for themselves. The texts are arranged in three groups,—Junior, Middle and Senior,—designed, respectively, for pupils of 13 to 15, of 15 to 17 and of 17 to 19 years of age. It is hoped to bring into schools some of the most notable modern books,—novels and stories, memoirs, books of travel, history and works of criticism; and further to give the pupil not only an opportunity of becoming acquainted with great books, but, at the same time, of reading them in such a way that he may gain in knowledge of French, in ability to write and speak the language, in sympathy with and interest in '*France, mère des arts, des armes, et des lois.*'

It is with this end in view that the exercises are written. They follow, in the main, the lines of my Exercises on Erckmann-Chatrian's *Waterloo*, published by the Cambridge University Press in 1909. Some of the most distinguished teachers of French have expressed to me their approval of these exercises; others have paid them the sincerest compliment in imitating them. Each exercise is based on a definite number of pages of the text and consists of: questions in French on (*a*) the subject-matter, (*b*) the words and idioms, (*c*) the grammar. In addition, in all the volumes of the Middle Group and in some of those of the other two Groups, English passages, based on the pages under review, are provided for translation into French. Where there is no translation, the number of questions is increased, and, in the Senior Group, opportunity is given for free composition. The intention is to catch in this fourfold net every important word and idiom; often, to catch them even more than once. The questions on the subject-matter are not of the kind that may be answered by selecting some particular scrap of the text. They involve some effort of intelligence, some manipulation of the text. The general questions on words and idioms aim at showing how the words of the text may be used in quite other connections, in bringing them home to 'the business and bosoms' of the pupils, in building up the vocabulary by association, comparison, and word-formation. Often something will be learnt from the form of the questions, and every question should be answered with a complete sentence so that the repetition may help memory. The questions on grammar will serve to test oral work done in class. Each volume contains a systematic series of questions on verbs and pronouns, with examples drawn, where possible, from the text, and besides, each exercise contains a question, or questions, on the grammar of the pages on which it is based. Lastly, vocabularies are provided for the convenience of those teachers who wish for translation into English, in addition to, or instead of, reading all in French. The editors of the different volumes have practical experience of the teaching of French. Our hope is that this new Series may make French teaching more intelligent and

more real, and therefore more interesting and more effective;
that it may help to give the pupil an interest in French ideas
and ideals which he will not lose, and provide him in the class-
room with an atmosphere not altogether alien to that of France
itself, the other Fatherland, for

chacun a deux pays,
Le sien et puis la France.

A. WILSON-GREEN

RADLEY COLLEGE,
1 *January*, 1924.

THE stories contained in this edition are taken by arrangement with MM. Calmann-Lévy, 3 rue Auber, Paris, from the volume published in France in 1917 with the title *Le Bonheur à cinq sous*. The original volume contained the following dedication:

A JEAN-LOUIS VAUDOYER

De votre observatoire d'artillerie, mon cher ami, vous m'avez, à plusieurs reprises, affirmé que le journal qui vous apportait ces contes était pour vous et pour certains de vos camarades une cause de détente heureuse. D'autres lettres, reçues du front et de combattants que je n'avais pas l'honneur de connaître, ont contribué avec les vôtres à me laisser croire que notre vieille besogne littéraire, ingrate à accomplir par le temps qui court, pouvait cependant n'être pas tout à fait vaine. C'est ce qui me donne l'audace, en un moment pareil, de réunir ces feuilles disparates, certaines écrites avant la guerre, les autres inspirées par ses lointains échos, quelques-unes volontairement étrangères à ce grand sujet, afin de procurer aux pauvres hommes, durant cinq minutes, l'illusion qu'il en existe encore un autre.

B.

PREFACE

'SURELY no French author is quite so absolutely, intimately French as M. Boylesve. Through his simple, exquisite, transparent style we seem to look right into the core of the French people, as more than two thousand years of continued civilisation and tradition have fashioned it.' In these words the learned critic, who writes on French contemporary literature in *The Times Literary Supplement*, has described the work of M. Boylesve. We are happy to be able to offer here a collection of M. Boylesve's short stories. For the first time, our pupils will have an opportunity of becoming acquainted with one of the foremost of living French novelists. We cherish the hope that this volume will help to secure for M. Boylesve, in our country, the larger measure of recognition which his writings so obviously deserve. From these short stories, with their colour and poignancy, their wit and vision, our readers will be led on to M. Boylesve's longer works, his profound and absorbing stories of provincial and country life, as *La Becquée* and *L'Enfant à la Balustrade*, and his exquisite studies of character, as *Le Meilleur Ami* and *Elise*. With such novels as these, M. Boylesve should take his place among the select band of French novelists who are known and esteemed in England. He should join M. Anatole France and Pierre Loti, Daudet and Maupassant.

A. W.-G.

RADLEY COLLEGE,
   29 *December*, 1923.

TABLE

LE RAYON DE SOLEIL

Le premier coup qui frappa la famille fut la mort de Jacques, tué, dès le début de la guerre; il avait vingt et un ans, et sa sœur, Louise, l'aimait d'un de ces amours fraternels qui étonnent par leur intensité. Après, ç'avait été le tour de la mère, inconsolable, et qui s'était effondrée en quelques semaines. Louise restait avec son père, désolé, petit propriétaire ayant consacré toutes ses économies à se rendre acquéreur de la modeste maison qu'il habitait et dont il ne touchait plus de loyers. Deux fillettes étaient là encore, à qui Louise allait désormais servir de mère.

Un soir, le père, qui s'assombrissait de jour en jour, en venant de se mettre à table, s'affaissa devant son potage. Le médecin, appelé en toute hâte, demanda à Louise: "Est-ce que c'est sa première attaque?"

Et Louise, surveillant et soignant le malheureux homme alité, songeait à la noire destinée.

S'il venait à mourir, que deviendraient ses deux jeunes sœurs et elle-même? Or le malade était condamné. Verrait-il seulement la fin d'une guerre si longue? La seule chose qui ranimait un peu, par l'admiration qu'elle inspirait, était la lutte épique de Verdun; mais en même temps elle étreignait le cœur à cause de ces grandes hécatombes d'hommes, et de tous ceux, en particulier, qu'on connaissait, et qui étaient là.

La maison, en banlieue, avait un jardinet qu'environnaient des arbres voisins, très feuillus cette année et sur lesquels la pluie continue égrenait de branche en branche ses gouttelettes pesantes. On entendait le bruit d'un moteur aérien invisible, et, à une certaine distance, des chœurs de voix enfantines qui répétaient des hymnes pour la Fête-Dieu prochaine. L'heure avait une mélancolie atroce et pénétrante. Le pire était la nostalgie des temps heureux que ce calme, cette pluie d'été et ces chants d'enfants évoquaient...."Il y a deux ans, à pareille date, que la pluie sur les feuillages était reposante et douce!... et quand ces petits, dans le jardin des Frères entonnaient le *Magnificat*!..." Les deux coudes à l'appui de la fenêtre, son mouchoir sur les yeux, Louise les sentait tout humides.

Ce fut à ce moment qu'on annonça à Louise la visite d'une amie, Marie-Rose, qu'elle savait infirmière à un hôpital d'Auteuil.

— Écoute, dit Marie-Rose, je viens te demander un petit service qui, bien entendu, ne te coûtera rien. Je viens te demander d'être la marraine d'un pauvre poilu qui m'est signalé et recommandé d'une façon tout exceptionnelle. J'en ai tant! Je ne sais plus où les placer. Il faut que tu te dévoues. Je t'ai choisi celui-ci qui a une certaine instruction, des sentiments, m'a-t-on dit; il a été blessé déjà trois fois et il fait pour le moment de la neurasthénie à l'ambulance de N.... C'est un traitement moral qu'il leur faut, à ces malheureux, et je t'ai connu une imagination si heureuse!... Prends mon poilu; abandonne-toi à toute ta verve.

Louise regarda autour d'elle comme au dedans d'elle-même; elle jeta un coup d'œil sur la porte qui la séparait de son père mourant, sur les photographies de Jacques et de sa mère morts si cruellement, sur les petites qui jouaient dans le jardinet maussade, sur les feuillages superposés où la pluie, à intervalles réguliers, pleurait une larme lourde....

— Ma verve! dit-elle, je n'en ai guère pour le moment....

— Oui, je sais, dit Marie-Rose. Mais, par le temps qui court, que veux-tu? Chacun fait un peu au-dessus de ses forces....

— Donne-moi son adresse, dit Louise.

Et Louise écrivit au soldat qui avait besoin d'être remonté.

Elle écrivit sa lettre, à la nuit, sous la lampe, lorsqu'elle eut couché ses jeunes sœurs. Elle dut s'interrompre pour changer de la tête aux pieds le malade qui, à demi paralysé, devait être traité comme un enfant. Le pauvre homme remerciait sa fille de l'œil droit et de la moitié de la bouche, d'où sortaient des sons inarticulés, inintelligibles. Et la jeune fille eût moins souffert s'il eût été complètement inerte et muet. Elle lui ingurgitait sa potion; elle allait se laver les mains; et elle reprenait, à grands efforts, sa lettre.

Par la fenêtre ouverte sur la nuit de juin, les noctuelles entraient et tourbillonnaient sous l'abat-jour. Louise entendait les arbres s'égoutter encore à intervalles plus espacés; au loin, les longs sifflets des trains, évocation de départs, de voyages mystérieux, musique plaintive des nuits de Paris.... Derrière le bouquet d'arbres, une main inconnue jouait amoureusement une valse de Chopin.... Souvenirs des beaux jours! Il y avait de quoi suffoquer. Louise dut reposer plusieurs fois sa plume.

Mais le soldat neurasthénique reçut la lettre de sa nouvelle marraine, et il lui répondit aussitôt:

"Mademoiselle ou madame,—je ne sais pas au juste, car votre main a couru bien vite en écrivant votre adresse,—j'ai reçu de vous la plus jolie lettre qui me soit parvenue de ma vie, qui n'est pas bien longue, car il faut vous dire que j'ai vingt-deux ans.... C'est 'mademoiselle' que je dois lire, j'en suis sûr, car il faut être bien jeune pour avoir l'esprit aussi enchanté et aussi étranger aux petits ennuis qu'apporte forcément la vie de famille.... Ah! comme vous m'avez fait du bien! Ç'a été comme une main fraîche posée sur un front qui brûle...un bon bain, si on pouvait en prendre quand on descend des tranchées. ...Je ne suis pas heureux, moi, mademoiselle; j'ai beaucoup souffert, allez! et il me passe par la tête bien des papillons noirs. ...Eh! bien, depuis que j'ai sous mon traversin votre lettre, toutes mes misères sont comme une blessure cicatrisée par la lumière; je crois même, Dieu me pardonne, que le bonheur est possible; oui, malgré toutes les horreurs que j'ai vues, j'y crois! Je sais qu'il existe quelque part un endroit, et je sais où,—puisque je sais où vous habitez,—qui a été épargné, que le sort respecte, dont le malheur se tient écarté, et où fleurit l'âme la plus blanche, la plus gaie et la plus réjouissante qui soit sur la pauvre terre. Ah! mademoiselle, il faut que vous ne soyez pas de ce monde pour avoir tant de bonne humeur!

Vous m'avez fait sourire, ma chère marraine, moi à qui ça n'était pas arrivé depuis longtemps. La sœur qui me soigne en a été toute ébaubie; je lui ai montré votre lettre, et elle a fait comme moi; elle a dit: 'Dieu permet qu'il y ait quelques petits coins de paradis sur terre.' Nous n'en sommes pas jaloux, mademoiselle, car cela nous laisse l'espérance de passer peut-être un jour par ces oasis.... Je vous dirai que ma santé va beaucoup mieux depuis que vous avez dardé sur moi un rayon de soleil..., etc."

LE COUP D'ADRIENNE

La fantaisie prit tout à coup à Martine, le 14 juillet, au matin, d'entraîner sa mère voir défiler les troupes, du balcon de l'oncle Olivier, parti depuis deux jours pour la campagne. Ce balcon donnait sur le boulevard des Italiens, avec un retrait sur la rue Louis-le-Grand: point de meilleure place. Il était déjà neuf heures du matin: le temps de se démener un peu, de téléphoner à deux ou trois familles amies qui acceptent avec empressement, et tout le groupe se met en route. On sait que la fidèle Adrienne est restée pour garder l'appartement, boulevard des Italiens; on n'aura qu'à sonner et à s'installer comme chez soi.

On sonna, en effet, boulevard des Italiens, et la fidèle Adrienne vint ouvrir, un peu surprise en vérité de voir mademoiselle Martine, sa mère et des figures de connaissance.

— Ces dames n'avaient pas averti qu'elles viendraient pour le défilé....

— Ça ne fait rien, ma bonne Adrienne! s'il y a un peu de poussière et des housses, voilà qui nous est bien égal; nous ne venons que pour le balcon et ne verrons que les braves poilus....

Adrienne, verdâtre et troublée, tient visiblement à faire l'aimable:

— Mademoiselle va-t-elle se décider à choisir parmi eux un gentil mari?... Puisque mademoiselle n'a jamais voulu se laisser faire par un compatriote, ça n'est pas défendu d'épouser un allié, un Russe, par exemple; ah! on dit qu'ils sont joliment beaux hommes!...

La maman et les amis hochèrent la tête. C'était le sujet délicat dans la famille. Martine, à vingt-cinq ans sonnés, quoique jolie et courtisée tant et plus, et demandée vingt fois en mariage, n'avait jamais trouvé un homme à son goût. C'était désespérant.

— J'épouserai un amputé des deux jambes, dit Martine; comme cela je serai sûre qu'il ne courra pas!...

Et, ayant traversé plusieurs pièces, aux volets clos, on gagnait le balcon.

Ici, effarante surprise: le balcon était occupé. Occupé à peu près entièrement, et la meilleure partie, celle qui donnait sur le boulevard, par une foule compacte!

— Ça, dit-on, c'est un coup d'Adrienne....

On cherche Adrienne pour s'informer quels sont ces gens. Adrienne a disparu. Martine, qui n'a pas froid aux yeux, demande aux premiers venus:

— Vous êtes invités par mon oncle, sans doute?...

Embarras des étrangers; balbutiements; quelques-uns disent enfin:

— Mais non, c'est Adrienne qui....

Martine se retourne vers sa mère:

— Crois-tu qu'Adrienne a loué le balcon! Non, ça, par exemple, c'est un peu fort! Ah! ça, c'est un toupet! Où est cette fille, que je l'amène ici faire une trouée pour nous dans un pareil public?

Déjà on entend les tambours, la grosse caisse, les clairons, les fifres, les cornemuses écossaises. Point d'Adrienne.

Alors, à la tête de ses amis et de sa mère, Martine, résolument, s'adresse aux occupants:

— Place à la famille, s'il vous plaît!

Des gens confus ne savent où se mettre. Une ou deux personnes même, subrepticement, s'enfuient. Les autres, comprenant ce qui est arrivé, s'effacent et livrent le côté boulevard à la famille.

Martine, furieuse, plus jolie que jamais avec ses joues animées par la colère, fait juger à ses amis et à sa mère le cas de la femme de chambre. On avertira l'oncle Olivier; il est inadmissible qu'on laisse envahir un appartement par des gens qu'on ne connaît pas.

— Je suis sûre que chaque place, ici, a été payée au moins cent sous!...

La colère contre Adrienne augmente de ce qu'on ne parvient pas à trouver la femme de chambre dans l'appartement pour lui exprimer l'indignation qu'on ressent et de ce qu'on n'ose pas exprimer cette indignation aux personnes—peut-être non

coupables—qui ont payé cinq francs leur place sur le balcon.
Payer sa place sur le balcon de l'oncle Olivier! d'un homme qui
ne permettrait, pour tout l'or du monde, de franchir son seuil
à quelqu'un qui ne serait un ami! S'il savait cela, il en ferait
une maladie!... Non, c'est un comble! c'est inouï! Martine dit
même: "Pour un culot, c'est un culot!" La vue en est troublée
pour regarder le magnifique cortège des héros qui passent; et
quelques-unes des personnes étrangères, confuses, en ont elles-
mêmes leur plaisir gâté.

Parmi elles, un grand monsieur, ni jeune ni vieux, ni beau
ni laid, le bras gauche en écharpe, les rubans des décorations
militaires à la boutonnière, se détache du groupe et vient
présenter ses excuses à la jeune fille qu'il a vue si fort irritée.
Il habite à côté, mais par derrière; il a entendu dire par sa
concierge que le balcon était libre—il ne dit pas "à louer" pour
ne pas trop compromettre Adrienne—il s'est présenté ce matin
dès huit heures; on lui a ouvert, et, depuis lors, il est là. Il
affirme toute sa désolation de paraître indiscret. Il est si poli,
si distingué d'ailleurs, que Martine, à son tour, se reproche
d'avoir manifesté, avec une telle désinvolture, son courroux.

Et l'on cause; et côte à côte avec le grand monsieur, Martine
regarde le cortège. Le grand monsieur n'est pas inutile, car
il sait tout: il sait le nom, la qualité du chef anglais qui précède,
solitaire et sans armes, son bataillon, et il explique les raisons
de cet usage qui paraît étrange; il sait nombre de particularités
sur les imposantes troupes russes; il sait le nom des hymnes
que jouent les musiques; il reconnaît à la lorgnette un tel et un
tel parmi les Français bleus; il a été blessé au commencement
de Verdun, auprès de tel officier que voici; il a ses idées sur la
guerre, qui ressemblent à celles que l'on entend un peu partout,
mais qui font à Martine l'effet de provenir d'une source exceptionnelle, captée pour elle exclusivement.

Aussitôt après le défilé, Martine présente son nouvel ami
à sa mère.

— Maman, un monsieur sans qui je n'aurais vraiment rien
vu.... Venir se poster à un balcon pour voir des troupes, c'est

stupide si on ne sait seulement pas discerner un Belge d'un Anglais.... Il faut être renseigné....

— Madame, dit le grand monsieur, permettez-moi, pour effacer le souvenir d'une singulière façon de faire connaissance, d'aller vous offrir mes hommages...et de renouer une conversation qui m'a été tout particulièrement précieuse....

— Mais, monsieur, je serai charmée.... Ma fille aussi, je n'en doute pas....

— Oh! certainement, dit Martine.

Le plus inattendu fut que, voyant et entendant cela, la population du balcon, ou les invités d'Adrienne, firent mine de venir saluer Martine, sa mère et le grand monsieur qui était si bien avec elles. Mais ces dames se défilèrent aussitôt par un couloir dérobé, et, là, tombèrent sur Adrienne, qui s'y était dissimulée et blottie, et n'en menait pas large.

La maman, qui ne sortait pas volontiers de son calme et qui n'aimait pas les observations, ouvrait cependant la bouche pour administrer à Adrienne une semonce méritée par le coup qu'elle avait fait:

— Laisse-la donc! dit Martine: on s'en donne, du mal, et on en fait, des frais, à la maison, pour organiser des petites réunions qui n'aboutissent jamais! Voilà cette fille qui se fait une centaine de francs, ce matin, en ramassant au hasard cette cohue, et....

— Et...elle te procurera un mari?...

— Qui sait? dit Martine.

L'HOMME JEUNE

Je m'apprêtais à franchir la passerelle du pont de l'Aisne, a Soissons, quand une sentinelle m'appela en tenant à la main une carte où je lus le nom d'un de mes amis, peintre de son métier. Il me faisait dire que, ayant appris ma présence dans la ville, il me priait de venir déjeuner avec lui chez des cousins, les Jaubert, rue du Courtmanteau, près de la Tourelle. Je trouvai, à la maison indiquée, mon ami, en costume kaki, camoufleur aux armées; il me présenta à monsieur et madame Jaubert, ménage bourgeois aisé, d'aspect vénérable. On allait servir; on semblait attendre quelqu'un. Madame Jaubert cria dans l'escalier:

— Bébé!...Bébé!...allons, descendras-tu, lambin?

— Excusez notre grand gamin, dit le père: il relève de maladie, il est en convalescence et fait la grasse matinée.

Le camoufleur me souffla à l'oreille:

— Ce "Bébé" est un capitaine. Il n'a pas vingt-trois ans; il a montré des capacités et une bravoure extraordinaires; il a la Légion d'honneur que n'a pas son père, la médaille au ruban jaune, la Croix de guerre, comme de juste; il a été blessé deux fois et encore a trouvé le temps de faire une fièvre typhoïde. C'est un type.

Je vis entrer un jeune homme, en vêtements civils, sans seulement un ruban à la boutonnière; sur la lèvre, une ombre de moustache naissante; la joue encore un peu pâle.

— Monsieur votre fils a déjà trois galons? fis-je à M. Jaubert.

Le père sourit, flatté, mais ne semblant pas attacher à la chose d'autre importance.

Le capitaine avait de la gentillesse, de la simplicité, une jeunesse fraîche et charmante en ses manières; mais son œil contenait de ces dessous que nous n'avions pas vus avant la guerre: une certaine gravité qui n'est ni celle des hommes d'âge ni celle des jeunes qui affectent un sérieux précoce; comme un amoncellement de clichés pris sur des scènes d'horreur ou sur des embûches de cauchemar, inimaginables par l'*homme d'avant* et auxquelles cet homme-ci s'est accoutumé et qu'il domine; le sens des responsabilités gaillardement assumées, ce qui a tant manqué aux générations précédentes; un sentiment profond, inconscient peut-être, d'appartenir à une race neuve, que les vieux peuvent admirer mais qu'ils ne pénétreront jamais.

Notez que les parents de ce jeune homme étaient déjà des êtres exceptionnels et vivant depuis vingt-quatre mois dans le tragique; ils étaient des meilleurs citoyens d'aujourd'hui, ils avaient positivement l'ennemi à leur porte et tenaient celle-ci ouverte pour secourir jusqu'à la dernière extrémité tout venant. Cependant, je les entendis parler, pendant tout ce déjeuner, comme les gens d'autrefois. Comment expliquer ce qu'il faut entendre par ces mots? C'est délicat. Mais l'habitude de la vie paisible, troublée par de mesquines luttes politiques, impose une forme et une direction à l'esprit que nos jeunes hommes, surpris au sortir de l'enfance par des difficultés égales à celles des premiers âges de la terre, ne sauront plus adopter. Ceux-ci voient d'un coup les grandes lignes, ce qu'il faut inévitablement pour conserver la vie; ceux-là s'attardent en de faux chemins, et les plus bourgeois d'entre les bourgeois semblent encore des dilettantes. Celui qui a dû défendre sa peau attaquée de tous les côtés, ou qui a seulement été enterré vif une ou deux fois dans l'entonnoir, comme il s'entend à déblayer les questions!

Madame Jaubert, d'un revers de main, semblait chasser la parole de son fils. Elle l'appela encore "Bébé," à plusieurs reprises, durant le repas. Elle lui dit: "Remonte ta serviette, Henri, tu vas tacher ton gilet...." Elle le trouvait cruel, parce qu'il racontait, d'un ton froid, sans sourciller, des choses épouvantables dont il avait été témoin. Il avait vécu dans la charogne, dans la vermine, dans la boue, dans l'eau jusqu'à la ceinture: il tirait de ces circonstances des motifs de blague à la fois déconcertante et sublime. Ce n'était pas qu'il fût dénué de sensibilité, car, au récit qu'il faisait de la mort d'un de ses amis, l'émotion contenue lui coupa le souffle dans la gorge. Cependant, tout aussitôt, il se mit à conter quelques faits épiques, avec une humeur de gavroche. Il m'apparaissait, à moi, comme un personnage de Shakespeare. Jamais je n'avais eu sous mes yeux, vivant, un exemplaire d'humanité qui me plût à ce point: la malignité, la grâce et le calme viril étroitement mêlés à la sauvage grandeur; la splendeur de l'aube encore accrochée aux voiles de la nuit; ce mélange, si vrai pourtant, du comique avec la tragédie, que nos préjugés condamnent, mais dont les grandes crises, les plus importants cataclysmes proclament la nécessaire beauté.

Il vint, après le déjeuner, quelques amis de ces honnêtes et courageuses gens demeurés dans la ville, à peu près évacuée. Ils parlaient, avec beaucoup de bon sens, des événements; ils rendaient hommage au petit capitaine, mais avec l'arrière-pensée, on le sentait, de la revision des grades, après la campagne, et la conviction bien assise que les capacités s'acquièrent avec l'âge et que les titres mérités le sont surtout "à l'ancienneté." On ne pouvait leur en vouloir et, cependant, leur impuissance à comprendre un certain état nouveau avait quelque chose de gênant. Si je leur eusse dit: "Mais, vous n'êtes donc pas frappés par le rôle que joue et qu'est appelé à jouer désormais l'*homme jeune* et même le tout jeune homme?" ils m'eussent fait des objections irréfutables sur l'heure, à cause du respect que méritent les actions de nombreux hommes d'âge avancé, mais qui n'ébranlent pas ma foi secrète dans le règne futur d'une humanité rafraîchie par la notion des nécessités essentielles. "Et ce qu'elle enverra vos routines et vos idées désuètes rejoindre les vieilles lunes, ah! mes braves gens, vous n'en avez pas le moindre soupçon!..." Mais le capitaine lui-même m'eût blâmé peut-être, parce que ce qu'il est, ce qu'il fait, ce qu'il fera, est tout naturel et tout simple pour lui, et il ne l'oppose pas à ce que la brusquerie des événements a précipité dans le gouffre du passé. Enfin! en voilà donc un qui n'agit pas par réaction et pour se donner des airs de faire le contraire de ce que d'autres ont fait, mais qui agit sous l'impulsion directe des réalités pressantes!

A quelques-unes de ses opinions vigoureuses, son père opinait:

— Il en rabattra, quand il connaîtra la vie....

— Mais, la vie, monsieur Jaubert, c'est lui qui la construit, c'est lui qui la fait!...

Le père hochait la tête. Le fils, un peu harcelé par nous, voulut bien nous raconter des épisodes auxquels il avait été mêlé, devant Verdun, plus de quatre mois durant. Et nous l'écoutions, je n'exagère pas, comme nous n'avions jamais écouté aucun récit, aucun lecteur, aucun acteur célèbre; nous l'écoutions comme nous eussions écouté chanter le vieil Homère.

Situation étrange: les parents, les amis, médusés comme nous, secoués dans leurs entrailles, palpitant de tout leur cœur, mais en proie au plus singulier malaise: l'impossibilité, malgré l'amour-propre, d'allier l'image de tant de grandeur à celle de ce "gamin" disant: "J'ai fait, j'ai vu."

Et, quand il eut fini, personne n'osa prendre la parole.

La mère se leva, alla plonger un doigt sous le faux-col de "Bébé" et elle résuma ingénument son impression:

— En 1911, monsieur—c'est hier—il a eu sa rougeole! Il était dans son petit lit, là-haut. On lui mesurait la taille quand il se levait: il grandissait encore....

LES POMMES DE TERRE

ENFIN, enfin, la pauvre vieille maman était sauvée ! Sa fille, Jeannette, la vit descendre du train sur le quai de la gare de l'Est. La bonne femme portait un grand panier sous le bras, et elle avait échangé sa coiffe pour un chapeau, en venant se réfugier à Paris.

Jeannette embrassa sa mère. Que de choses, Seigneur Dieu ! Que de malheurs effroyables !... La vieille bredouilla :

— Je t'ai apporté du beurre—la Sicot a encore sa vache—... une douzaine d'œufs et des grappes de raisin.... Oui : le cep en espalier sur le mur qui regarde le carré de pommes de terre, il est encore debout, ma petite !...et le carré de pommes de terre, y a pas une marmite qui l'ait seulement "fourragé" !

Elle appuyait sur ce détail avec une espèce de défi, comme si son pan de mur debout, son cep et ses pommes de terre narguaient toutes les armées germaniques. Et puis, son œil s'éteignit aussitôt dans le Métro.

— L'essentiel est que tu sois là, avec tes quatre membres, disait et répétait la fille, à peu près à chaque station.

— C'est tout de même malheureux de quitter !...murmurait la mère. Et un sanglot contenu lui coupait le souffle dans la gorge.

Elle recouvra pourtant, et petit à petit, la parole, une fois installée chez sa fille. Ah ! c'est qu'on l'interrogeait, vous pensez ! sur le palier, dans la maison et dans la rue.

"C'est Gauilly qu'on habitait, oui, mesdames, un petit patelin comme ça, en vue de Reims.... Ah ! la cathédrale, on l'a toujours vue, depuis le temps qu'on était marmots, défunt le père Souriau, comme moi—on était cousins avant que de s'établir en ménage, en ménage si on peut dire, car on avait tout juste quatre-vingts francs, à nous deux, le lendemain des noces.—Du vin blanc, par exemple, il en avait coulé ! Chez nous autres, il n'y a pas que les riches pour s'offrir ça, vous pensez bien.... Vigneron ? Oui, madame, il était vigneron, mon homme, comme de juste.... Eh bien ! ça ne l'a pas empêché d'amasser, sou par sou, de quoi se bâtir une maison avec cave et jardin, oui, et d'entourer son clos de murs.... Cinq enfants.... Vous avez dit le chiffre, madame, oui, cinq, qui étaient beaux et bien vivants, sans aucun manquant, avant la guerre, et élevés tous les cinq comme ma fille ici présente qui m'a forcée de venir m'abriter chez elle, quoique ça soit dur de quitter...."

Quand elle disait "dur de quitter..." ses yeux se couvraient d'une buée, sa gorge se contractait et elle s'arrêtait un instant de parler.

"La guerre vous prive de tout, c'est connu; on y est fait: mon pauvre homme avait bien une balle dans les reins depuis 70 et qui l'asticotait par le mauvais temps, aussi quand c'est qu'il a vu partir ses trois garçons, il a dit: 'A eux trois, ils leur en flanqueront toujours plus que je n'en ai reçu!' Et c'est tout. Mais les Boches sont passés chez nous, mesdames, saouls comme des gorets déjà avant de nous avoir vidé la cave.... Ça, je m'en souviendrai! Quand le père Souriau a vu tous ses fûts à sec, ça lui a porté un coup. De ce moment-là, c'était un homme fini; ne fallait même plus lui parler de tailler ses plants de vigne ni de bêcher son clos: c'est moi, telle que vous me voyez, qui ai semé les pommes de terre....

"Il se traînait, le cher homme, dans le village, la figure pareille à une viande bouillie, avec son chien Castor et sa petite-fille, une gentille enfant de onze ans et demi, qui le tenait sans cesse par la main, faute de quoi, à ce qu'il disait, il voyait tout tourner, comme un homme ivre.... Notre malheureux enfant, l'aîné, un si brave garçon, avait ête tué à la bataille de Lorette; le plus jeune était porté comme disparu depuis la bataille de l'Yser: c'est-il fait, ces choses-là, pour arranger un pauvre vieux père, je vous le demande?

"Là-dessus, voilà qu'un beau jour, l'angelus de midi n'avait pas fini de sonner, un boucan d'enfer secoue le village.—Y avait douze mois que la côte de Brimont tirait sur Reims, sans qu'on nous ait fait l'honneur de nous souhaiter le bonjour à la manière boche; ils nous devaient bien cette politesse, rapport à nos caves....—C'était une marmite qui venait d'écraser les bâtiments de l'école primaire. Trois minutes après, une deuxième tombe sur les gens du village rassemblés, comme on dit, au lieu du sinistre: huit hommes, trois enfants hachés menu comme chair à pâté. Le lendemain, pan! j'étais en train de sarcler les pommes de terre; je vois s'écrouler devant moi notre maison, sauf la resserre à étaler les graines. Le père Souriau rentre avec la petite à la main et Castor:

"T'as aussi bien fait de traînasser dehors, que je lui dis; on aurait été en train de manger la soupe, qu'il ne resterait pas un fétu de nous trois et du chien...."

"C'est dans la cave qu'on s'est établi depuis ce temps-là. Il n'y avait pas à choisir: mais, à l'heure de l'obus, quand le grand-père et la petite sortaient—c'est-il que je serais une poltronne, mesdames?—j'avais des inquiétudes. Je les vois revenir, les chers mignons, il y a de ça trois semaines, avec le chien gambadant, à vingt mètres de moi, pas plus, pas moins. Tout à coup, poum! patapoum!... Et la petite qui lâche la main de son grand-père en s'écriant: "C'est sur l'église pour sûr!" Ces enfants, ça n'est pas craintif; à l'église, elle y court. Le chien la suit. "Bon Dieu! que je fais, en voilà une autre de sacrée marmite!..." Je l'entendais qui déchirait l'air comme une pièce de toile. La terre se soulève dans la rue, mes bonnes dames, jusqu'au-dessus des toitures: de ma petite-fille, du cher petit ange du bon Dieu, ni du chien, on n'a jamais rien revu, mesdames, que des bribes: mais, faites excuse: autant n'en point parler, ça soulève le cœur.... Mon vieux en est mort, lui, au fond de sa cave, dans les vingt-quatre heures...."

— Pauvre madame Souriau! C'est un miracle que vous soyez là, vivante et à l'abri. Votre fille, on peut le dire, vous aura tirée de l'enfer!...

— Chut! dit la mère Souriau, n'en dites rien à ma fille: j'ai tous mes papiers pour mon retour.... C'est trop dur de quitter.... Je retourne!...

— Comment! là-bas! sous le bombardement qui continue?...

— Eh bien! et les pommes de terre? Qui est-ce qui s'en occupera si je n'y suis point?

AH! LE BEAU CHIEN!

Deux maçons employés à la construction d'une villa voisine, passèrent un matin devant la grille de la cour où le chauffeur Pfister faisait son auto; ils tiraient, au bout d'une ficelle qui l'étranglait, un avorton de chien sans couleur et sans forme et dont l'aspect pitoyable émut le mécanicien des Bullion à qui sa conscience reprochait d'avoir aplati, durant cette seule saison, quatre chiens sous ses pneus jumelés. Pfister cria:

— Où c'est-il que vous menez ce pauv' petit cabot-là?

— A l'eau! dirent les maçons, à moins que tu n'en offres cent sous, dix francs....

Le maître d'hôtel, Honoré, par le soupirail de l'office, ricana:

— Cent sous, dix francs pour un voyou de cabot à moitié crevé et vilain comme la gale! ils nous ont pas regardés....

Mais une femme de chambre fut touchée de compassion pour le malheureux chien qu'on allait jeter à la mer; elle monta aussitôt parler de la chose à mademoiselle Antoinette.

Mademoiselle regarda par le balcon, vit le chien, le cou serré dans la boucle qui le jugulait en lui poussant les yeux hors des orbites. Elle appela son père. M. Bullion parut à sa fenêtre, en pyjama. Mais déjà une voix criait de l'intérieur:

— Un chien?...pas de chien!...jamais de chien!...à aucun prix, entendez-vous? un chien n'entrera dans la maison!...

— Mais, maman, c'est un malheureux chien qu'on s'en va jeter à l'eau!...

— Qu'on le jette à l'eau! ça ne me regarde pas; j'ai dit: je ne veux pas de chien.

C'était madame Bullion qui, de la table à coiffer, prononçait l'arrêt de mort du "pauv' petit cabot."

Le "pauv' petit cabot" fut sauvé néanmoins, cent sous, et non pas dix francs, ayant été payés secrètement aux deux maçons par la complicité de mademoiselle et de monsieur; et le chien fut introduit dans les sous-sols, lavé, savonné, frotté de poudre insecticide, et nourri abondamment. Il n'en était pas plus beau; il conservait l'attitude rampante et lamentable qu'on lui avait vue lors de sa marche au supplice; le pain, le lait, la pâtée de la main du chef, le substantiel os de côtelette, tout semblait lui faire boule dans le ventre, qui ballonnait à éclater, sans que le reste du misérable corps parût seulement avoir reçu sa subsistance. En liberté relative, dans la sécurité des gras sous-sols, ce chien conservait son air d'être étranglé par la boucle, au bout de la corde.

Honoré le bousculait du pied, répétant sans cesse que "c'était cent sous qui auraient été aussi bien dans sa poche": que Madame vienne à descendre, un de ces quatre matins à l'office ou entende l'animal aboyer, on verrait la danse!

Madame, en effet, ne tarda pas à surprendre dans sa villa l'hôte installé contre son gré. Elle n'avait, affirma-t-elle, qu'une parole; elle ordonna incontinent que le chien fût jeté dehors.

L'infortuné animal traîna son ventre bedonnant sur la route où il manqua dix fois de le faire écraser par les automobiles, et le promena désespérément sur les bords de cette mer qui l'eût si bien englouti une ou deux semaines auparavant. Il revenait guetter aux soupiraux par où on l'alimentait en cachette, et à la faveur d'un événement qui préoccupait alors toute la villa Bullion.

La gracieuse Antoinette Bullion, que l'on nommait familièrement Toinon Bulliette, était fiancée depuis peu à un charmant jeune homme, appelé Édouard, qui lui plaisait tout à fait. Elle recevait des fleurs, des compliments, des visites, celle de son fiancé tous les jours.

Madame Bullion elle-même croyait aimer beaucoup son futur gendre; elle l'eût préféré avec de la moustache, oui, certes, mais puisque tel était "le genre" aujourd'hui, tout comme de porter le pied petit ainsi que du temps de son grand-père, "allons-y!" disait-elle, et on l'eût indignée en prétendant qu'elle n'adorait pas ce cher Édouard au visage glabre, et au pied court.

Or, un beau jour, le cher Édouard étant là, penché amoureusement sur Toinon, une porte fut entre-bâillée, et un chien parut, un horrible chien, le chien du sous-sol, le chien expulsé, l'intrus au ventre de baudruche.

Le premier mouvement de madame Bullion en apercevant la laide bête fut de la repousser d'un coup de pied et de préparer à l'adresse de ses domestiques une verte semonce. Mais Édouard, en belle humeur et par manière de dérision, voyant ce chien grotesque, s'écria:

— Ah! le beau chien!

Et toutes les personnes présentes, de rire.

Un phénomène curieux se produisit dans l'esprit de madame Bullion. Non seulement le geste de violence que sa jambe esquissait, ne fut pas exécuté, mais elle pria qu'on fermât la porte, le chien demeurant là, innocent, la mine un peu confuse, l'abdomen proéminent, et s'étant assis sur le premier coussin à proximité de ses pattes informes. On se regardait avec stupéfaction: et chacun étouffait son rire. Édouard reprit sa cour au côté de Toinon Bulliette.

Mais madame Bullion, le soir même, saisissait l'occasion d'un aparté avec sa fille, et prononçait:

— Mon enfant, observe bien ton fiancé, je te prie; j'ai une crainte: ne manquerait-il pas de cœur, par hasard?

— Oh! oh! je ne m'en aperçois pas, maman!

— Tu ne t'en aperçois pas, c'est possible. N'empêche que, tantôt, je l'ai trouvé bien dur pour ce pauvre chien.

— Mais, maman! ce pauvre chien, c'est toi qui....

— Allons, ma fille, pas d'observation, n'est-ce pas! Je t'ai dit mon appréhension; tiens-en compte. Ta mère ne cherche que ton bonheur, tu le sais.... Embrasse-moi!... Ah! vois-tu, c'est que, s'il allait n'être pas bon pour toi!...

— Mais, maman...il m'adore....

— Allons! va te coucher, ma petite.

De ce jour, la fortune du chien était faite.

Elle ne fut pas immédiatement considérable. Le "pauv' petit cabot" fut encore le chien de l'office, quelque temps; mais il le fut, officiellement, avec l'autorisation de la maîtresse de maison. Plus de cachotteries. Son droit à vivre étant acquis, on lui donna moins à manger; son ventre se dégonfla petit à petit; l'animal en devint moins remarquable par sa laideur, mais en vérité non pas mieux fait: il était si laid! Il restait laid, sans plus, honnêtement, platement laid, bonne bête avec cela, c'est-à-dire sans méchanceté aucune, sans intelligence non plus. On le nomma Roussaud, à cause de la couleur de son poil.

Mais, à mesure qu'un défaut—quel homme en est exempt, mon Dieu?—se découvrait chez le fiancé d'Antoinette, l'indulgence de madame Bullion pour Roussaud se haussait d'une nuance ou d'un ton. Édouard était mal classé au tir aux pigeons: on veillait à ajouter un peu de viande hachée à la pâtée du chien; Édouard avait mal surveillé l'envoi de sa fleuriste: avait-on remarqué comme ce chien était doux? Édouard avait fait une petite fugue, mal justifiée, de deux jours: le chien recevait un collier neuf; enfin Édouard ayant bel et bien épousé mademoiselle Bullion—ce qui n'a rien de répréhensible, pourtant— et ayant emmené victorieusement sa jeune épouse en Italie— ah! cela est toujours pénible au cœur des mères—le chien Roussaud fut autorisé à demeurer au salon. Le lendemain on jugeait son nom Roussaud bien vulgaire, et il recevait le nom infiniment mieux sonnant de Fingal.

Fingal eut sa corbeille au salon, matelassée, garnie d'une couverture de laine; et, un peu plus tard, sa niche à la salle à manger, une niche à sa mesure, une petite villa normande, s'il vous plaît. Il se traînait de l'une à l'autre, avec son air calamiteux, chargé du poids d'un triste passé, s'accommodant au confort, oui, certes! mais reprochant au destin de ne le lui avoir pas accordé en naissant. L'important Honoré, maître d'hôtel, qui l'avait tant bousculé jadis, était à son service et se courbait jusqu'à terre pour présenter au rez-de-chaussée de la petite villa normande l'assiette de porcelaine où Fingal, les pattes écartées, la queue basse, la mine incurablement désolée des pessimistes gonflés de bien-être, semblait prendre l'univers à témoin du sort pitoyable qui l'obligeait à tirer la chair de poulet parmi la mie de pain trop abondante ou à se donner bien du mal aux mâchoires pour rompre l'os de la côtelette. Une bonne hygiène avait toutefois rétabli l'équilibre entre son torse et ses membres, et Fingal commençait à épaissir de partout.

Le temps vint où il monta à la chambre de Madame, qui lui fit faire une couchette enrubannée et ne pouvait plus se séparer de lui, fût-ce durant ses courses en auto. Depuis l'ironique et trop fameux: "Ah! le beau chien!" personne qui se hasardât devant madame Bullion à exprimer son jugement sur Fingal: "Le gentil petit chien," disait-on. "Le beau chien!" même n'eût pas été mal pris, venant de toute autre personne que d'un gendre. C'était un lieu commun, dans les conversations, que l'étrange caprice de madame Bullion. Beaucoup, d'ailleurs, estimaient que cette faiblesse était trop légitime, la pauvre femme devant se trouver si privée depuis le mariage de sa fille.

Lorsque Antoinette revint de son voyage de noces prolongé à plaisir, tant la bonne entente avait été parfaite, elle reconnut à peine la maison paternelle transformée par l'élévation extraordinaire d'un personnage qu'elle avait, il faut le dire, complètement oublié. Fingal y avait plus de place qu'elle n'en avait jamais occupé elle-même; tout au plus manquait-il au chien d'avoir une gouvernante attachée à sa personne, mais tous les domestiques, à l'envi, obéissaient à ses appels, à ses moindres murmures. Une porte s'ouvrait soudain, et Fingal, accompagné d'un valet de pied, faisait son entrée; à des heures déterminées, le même porte était ouverte, et le domestique, la main sur le bouton, attendait que Fingal voulût quitter sa corbeille pour aller faire son petit tour au jardin; madame Bullion sonnait pour qu'on transportât la corbeille du coin Est de la pièce aux environs de la fenêtre méridionale afin que Fingal profitât du rayon de soleil; Fingal désormais frileux avait un petit paletot, un petit paletot sortant de chez le bon faiseur, un petit paletot avec une petite poche et dans la petite poche un petit mouchoir. Fingal avait un mackintosh pour la voiture et Fingal avait des lunettes d'auto!

Antoinette ne pouvait s'empêcher de rire et plaisantait la faveur de Fingal avec toute l'insouciance que vaut à une jeune femme le bonheur conjugal. Son mari, moins spontané désormais, et plus habile, dès qu'il avait vu Fingal en dandy, avait adopté vis-à-vis de lui l'attitude attendrie, sinon déférente, propre à se concilier les bonnes grâces sinon du chien du moins de la belle-mère.

Madame Bullion, à qui rien n'échappait de ce qui concernait Fingal, dit à sa fille:

— Ton mari, mon enfant, a un cœur d'or; aime-le.

Et d'autre part elle dit à son gendre:

— Mon cher Édouard, puisse votre femme vous aimer autant que vous le méritez!...

— Mais, belle-maman, j'ai tout lieu de croire....

— Ah! c'est que, voyez-vous, j'ai une crainte, en la voyant si espiègle, si sarcastique à l'égard d'un malheureux petit chien: manquerait-elle de cœur, par hasard?...

Septembre 1913.

LE PRISONNIER

En l'honneur de l'arrivée du papa, capitaine d'infanterie, en congé de convalescence, on avait invité avec leurs parents les petits amis et amies des enfants. Après le dessert, toute la jeunesse eut la permission d'aller au jardin et se dirigea aussitôt vers le potager, terrain favorable à la guerre.

Max, l'aîné, qui avait dix ans, dit sans hésiter:

— Moi, je suis le chef.

Et il conféra les grades, avec un assez bon discernement, sans faire état ni de l'âge ni du sexe, tenant compte, affirmait-il, seulement des capacités. En réalité, ceux qui se trouvèrent nantis des postes les moins reluisants et dont par conséquent il risquait de provoquer le mécontentement, étaient les plus petits, les plus faibles.

— C'est idiot! grommela l'un de ceux-ci, nommé Bob, six ans et demi, simple soldat de deuxième classe: pour les travaux de terrassement par exemple, le premier venu comprendrait qu'il ne faut pas faire éreinter des mômes encore au biberon!...

Cependant le chef toucha ses subordonnés par une certaine modestie en ne s'attribuant pas à lui-même un grade supérieur à celui de commandant.

— Je m'étonne, lui fit remarquer une petite fille, remplissant les fonctions de caporal, que tu ne te sois pas nommé d'emblée généralissime....

— Es-tu bête! répliqua le commandant: le généralissime, vous devriez comprendre, il n'est pas là; il est au G.Q.G. derrière les arbres, derrière la maison; il ne nous voit pas. Moi, je ne peux pas vous perdre un instant de l'œil. Ah! bien, qu'est-ce que vous deviendriez, mes pauvres messieurs!...

— Pardon, mon commandant, observa une petite, nommée Annette, en faisant le salut militaire, est-ce que le service d'espionnage est organisé?

— C'est indispensable, en effet, dit le commandant. Un homme de bonne volonté pour le service des renseignements?

Pas un des enfants ne bougea.

— Allons! dit le commandant, je comprends. D'ailleurs nous sommes trop peu nombreux. Alors, écoutez-moi! Je décide: le service en question est admirablement organisé. Je n'ai pas besoin de fournir les noms de nos agents; l'essentiel est qu'ils soient en contact avec mes supérieurs hiérarchiques et que je n'aie pas un empoté au poste téléphonique. Annette, mon enfant, empoigne-moi les récepteurs et ne les quitte plus!

Annette se mit aussitôt sur la tête une double tige de lierre disposée de manière à faire casque, et, à l'aide de deux feuilles, se boucha hermétiquement les oreilles.

— Et l'aviation?

— Regardez plutôt!

Max désignait un vol de martinets: cinquante appareils, pour le moins, filant vers l'Est à tire-d'aile, dans le jardin d'à côté.

— C'est magnifique! s'écria tout le bataillon.

Et l'on se mit avec un entrain fiévreux aux travaux de tranchées. Une dépression de terrain, accentuée par les pluies, entre deux anciennes couches à melons, se prêtait à cet ouvrage. On se contenta de figurer les abris, les postes d'écoute, les entrées de sapes et les cagnas des officiers. Le commandant désignait avec une minutieuse précision l'emplacement des différentes lignes de tranchées et boyaux qui n'existaient pas, les secondes lignes, les circuits enchevêtrés où il ne faudrait pas se perdre, les cantonnements à l'arrière, les routes encombrées de camions automobiles, les postes de secours. Une chose le mécontentait: qu'on n'entendît pas assez de bruit et surtout rien qui ressemblât à un bombardement. Il employa, pour y remédier, un de ses hommes à cogner à tour de bras, près de la pompe, sur un arrosoir.

On avait, comme de juste, réquisitionné toutes les pelles et pioches dans la chambre aux outils; le pauvre jardinier, blessé sur le vrai front, lui, et soigné dans un hôpital lointain, on n'avait pas à craindre ses récriminations. La rude besogne, d'abord confiée aux simples "poilus," rendit promptement jaloux les officiers qui avaient peu à faire. Et tous s'y mirent à l'envi. Les dix gamins, de la boue jusqu'aux genoux, avaient les joues rouges comme des tomates.

Au bout de trois quarts d'heure, le capitaine émit une opinion:

— Je ne vois pas les fils de fer, dit-il, anxieux; m'est avis qu'on ne ferait pas mal de les poser pendant que l'ennemi est relativement tranquille....

— Ha! ha!...l'ennemi!...ricana le petit Bob (six ans et demi).

— Eh bien! quoi? ça te fait sourire, toi, trois ou quatre corps d'armée boches qui vont nous arroser tout à l'heure avec des 420!

— Ha! ha!...les 420! dit le jeune poilu récalcitrant, en remuant la terre. Où sont-ils les 420! Où est-ce qu'il est l'ennemi? Vous êtes des poires: vous parlez, vous parlez, pendant qu'on est là, nous autres, à trimer, mais l'ennemi je ne l'ai pas vu; il n'y en a pas!

— Qui est-ce qui m'a fichu une andouille de ce poids-là? s'écria le commandant, qui se croyait obligé d'employer le langage "littéraire" des soldats de la Grande Guerre: "L'ennemi, il n'y en a pas!" Parce que tu ne le vois pas, sans doute, espèce de moucheron? Regardez-moi ce microbe! ça se mêle de faire campagne, et ça en est encore en 70, comme son grand-père!... L'ennemi, veux-tu le savoir, mon bonhomme? Il est là, à quatre-vingts mètres, terré comme des taupes. La preuve: attention! Voilà un aviatik.... Nous sommes repérés....

— Ah! mais, ah! mais! dit une fillette de sept ans, terrorisée, il ne faudrait pas plaisanter!

La réflexion fut accueillie par un éclat de rire général et méprisant.

Bob fit observer avec flegme:

— C'est un merle qui se transporte d'un jardin à un autre.

— Ho! ho! fit le commandant, voilà un homme qui commence à me courir sur l'haricot: "L'ennemi, il n'y en a pas....

Les avions boches sont des merles.... Les 420 sont une plaisanterie!...'' On va te faire toucher tout ça d'un peu près.... Écoutez-moi, mes amis: puisqu'un mauvais esprit a l'audace de mettre en doute l'existence même de l'ennemi, il est évident, n'est-ce pas, qu'il n'y a plus de jeu possible; je soumets aux voix la proposition suivante: il faut cesser le jeu, ou il faut que l'un de nous consente à faire l'ennemi.

Cesser le jeu? Tous ces enfants étaient déjà bien trop enflammés; la plupart ne croyaient même pas jouer.

— Cesser? dit l'un d'eux, mais c'est radicalement impossible.

— Alors, dit le commandant, un homme de bonne volonté pour faire le Boche!

Silence absolu. Pas un geste.

— Il n'y a personne pour faire le Boche? Eh bien! mon vieux Bob, vous allez vous rendre là-bas derrière la plate-bande où il y a des choux gelés, et vous représenterez l'armée des Barbares.

Un murmure d'horreur parcourut la tranchée. Le môme Bob, à peine plus haut que l'un des choux derrière lesquels il allait se dissimuler, répondit:

— Ça colle.

L'opinion générale fut, non pas de l'approuver d'obéir, lui qui d'ordinaire s'adonnait volontiers à la "rouspétance," mais de le condamner parce qu'on le voyait consentir à être Boche.

— J'aurais préféré, dit un gamin, me retirer du jeu.

— Je suis très ennuyée, dit une des petites, il *était* mon ami; il se déshonore....

Bob alla tout seul derrière ses choux; on lui permit d'emporter une pelle pour se retrancher, si toutefois il en avait le temps; et le travail reprit sur le front français avec la plus irréprochable discipline.

Mais à peine le jeune Bob était-il installé, là-bas, que la terre et des objets divers commencèrent à pleuvoir sur le bataillon. "L'ennemi" avait découvert, derrière les choux, une série de bâches contenant, avec du terreau, des oignons et différents tubercules; il faisait des boulettes de terre humide, empoignait les oignons, les aulx, les échalotes par la tige, rectifiait posément son tir en se dissimulant derrière un poirier, et causait un grand désarroi dans l'armée française.

La situation fut jugée intenable, les abris véritables n'étant pas creusés. Mais une offensive brusquée demeurait possible. "On le voit trop, gémissaient quelques pauvres 'poilus,' qu'on a été repéré!" Le commandant fit circuler l'ordre d'attaque pour quinze heures quarante-cinq, après avoir improvisé une artillerie lourde à laquelle on n'avait pas songé tout d'abord.

— Je ne peux pas tout faire, objectait le commandant à une légère observation du capitaine, avec ma crise des effectifs et ce G.Q.G. là-bas qui ne me dit rien, rien!... Pas une communication depuis trois quarts d'heure au poste téléphonique; aucune réponse à mes appels.... Et mon escadrille aérienne qui ne revient pas!... Heureusement, ajouta-t-il, je compte, avant tout, sur la bravoure de mes hommes.

L'attaque se déclencha à l'heure dite. Elle fut foudroyante, nonobstant les gros oignons, 420, les gousses d'ail, 77, les poignées de gravier qui simulaient le barrage des mitrailleuses, voire les grands trognons de choux arrachés ou torpilles aériennes. Plusieurs se déclaraient blessés et même morts en cours d'assaut, d'autant plus qu'il y avait ces deux flemmards d'artilleurs, restés en arrière, et qui ne savaient seulement pas allonger leur tir.

Enfin, quatre hommes à peu près valides arrivèrent sur l'ennemi, c'est-à-dire sur le petit Bob essoufflé, qui leva aussitôt les deux bras, dit: "Kamerad!" et fut incontinent fait prisonnier.

Survivants, canonniers lointains, blessés et morts entourèrent le prisonnier boche réduit à l'impuissance. On trouva sous le hangar aux outils le cordeau qui servait jadis au jardinier à aligner ses plates-bandes, puis des joncs souples, des liens de chanvre et un paillasson à couvrir les bâches vitrées. On ligota, enroula, empaqueta le Boche à l'aide de ces accessoires. Et on le laissa là, l'endroit ayant reçu le nom de Camp de représailles.

Après quoi, le jeu paraissant terminé, les enfants rentrèrent à la maison, pour l'heure du goûter.

En les voyant, la maman de Bob demanda: "Où est Bob?" Mais personne ne paraissait l'entendre; elle ne s'inquiéta pas encore. Au goûter, cependant, la maman, ne voyant toujours pas venir son Bob, s'enquit avec une certaine alarme dans la voix: "Mais, ah! çà, où est Bob?" Les compagnons de jeu, interrogés, prirent tous des figures de cire. C'était comme s'ils eussent été sourds et muets. Peu à peu les autres parents partagèrent l'inquiétude: Bob était le plus petit de toute la bande; les aînés devaient savoir ce qu'il était devenu.

— Max! interrogea le capitaine—le vrai—qu'avez-vous fait du petit Bob?

Max répondit avec une dignité solennelle:

— Bob?... Connais pas.

Chacun des enfants, pris à part, eut le même mot, avec le même geste d'ignorance ou de reniement hautain, digne, grave et sincère.

Alors l'alarme se répandit. Tous les domestiques furent lancés au jardin; tous les parents coururent à la recherche de Bob; les vieux messieurs même s'arrachèrent à leur bridge. Dans la maison, les communs, l'enclos, on n'entendait que le lamentable cri: "Bob!...petit Bob!..."

Enfin quelqu'un perçut une voix d'enfant qui pleure. On eut tôt fait d'aboutir au paillasson roulé d'où les gémissements s'échappaient.

On tenait par l'oreille quelques-uns des énigmatiques enfants. Leur forfait, sinon sa cause, devenait évident à tout le monde. On les amena jusqu'au paquet et on les interrogea en leur désignant l'objet:

— Qu'est-ce que c'est que ça?

Les enfants ne furent pas troublés, résignés d'avance à n'être pas compris par les grandes personnes, acceptant stoïquement les châtiments encourus, résolus dans leur dignité de soldats à ne plus se commettre désormais avec le gamin ligoté qui avait consenti à représenter l'ennemi:

— Ça? dirent-ils, dédaigneux: c'est le Boche!

Le paillasson était déroulé, les cordes, le chanvre et les liens de jonc rompus. Les parents s'empressèrent autour du petit Bob délivré et aussitôt plaint, choyé, dorloté par toutes les familles.

La fillette, âgée de moins de sept ans, qui avait été son amie, prononça sur un ton tout à fait de grande dame:

— Plût au ciel que nos pauvres prisonniers, là-bas, aient été toujours environnés d'une pareille compassion!...

Les parents ne purent s'empêcher de rire, et les mystères du terrible jeu de l'après-midi leur furent par là dévoilés.

"ÇA ME RAPPELLE QUELQUE CHOSE!"

Les lampes se rallument; on entre; on sort; le public est nombreux; on y remarque beaucoup de soldats, et des officiers: des Français, des Belges, des Anglais, des Serbes, des Russes. Devant moi, quelques fauteuils sont libres. Voici l'ouvreuse, celle qui, tout à l'heure, portait son ver luisant à la main.

Elle installe devant moi un sous-officier amputé de la jambe, marchant à l'aide de béquilles. Il est accompagné d'une jeune femme de tenue simple et qui a pour lui les attentions qu'on porte à un enfant infirme. Elle l'interroge: Est-il bien? N'a-t-il pas de chapeau devant lui? Ah! comme elle irait elle-même demander à une dame de se décoiffer pour que son poilu voie bien! Elle se penche vers lui; son bras s'entrelace à celui du brave; elle lui lit le programme.

Ce couple m'intéresse. A défaut d'un film passionnant, j'aurai du moins mon spectacle. Voilà une petite femme amoureuse qui a dû depuis deux ans et demi passer par toutes les phases de l'inquiétude. Je l'imagine au jour de la mobilisation, qui l'a peut-être surprise en plein bonheur; et à partir de ce moment, le cœur qui bat là n'a pas dû cesser d'être pressé par l'angoisse. Je compte à la manche de l'homme ses blessures; il en a quatre, et la dernière c'est celle de la jambe, qui l'a rendu impotent définitivement. Que de fois sa femme ou son amie a dû le croire mort! Que de fois elle est revenue à l'espérance pour le reconduire toujours et toujours, au bout d'un mois ou deux, à des gares qui vous les prennent pour les rejeter à la fournaise! Elle n'est pas ce qui s'appelle joli; elle est jeune, et son visage aux yeux déjà cernés prématurément porte quelque chose de mieux que la beauté. La douleur et l'amour composent vraiment un inappréciable mélange.

Une sonnerie tinte; l'obscurité nous envahit, et l'écran, de nouveau, s'éclaire. Nous assistons au déroulement d'un film italien d'affabulation romanesque et sentimentale, une idylle édénique avec accompagnement de violoncelle et de harpe, aux clichés excellents d'ailleurs et dont les fonds de paysages sont d'une splendeur si merveilleuse que toute l'aventure elle-même en est écrasée. Je ne vois plus que le décor et j'ose dire qu'il me suffit et m'enchante. Le public demeure muet. Le sous-officier mutilé et la jeune femme, devant moi, ne bronchent pas. A un moment, j'entends l'homme dire à sa compagne:

— Ça ne me rappelle rien.

Évidemment, ce sont de bonnes gens qui n'ont pas eu le moyen de se payer un voyage de noces en Italie; et les choses que l'on n'a pas vues ou sur lesquelles l'imagination n'a pas été montée, comme elles nous sont généralement indifférentes!

Enfin, voilà des films de guerre: "Vues prises sur le front avec autorisation spéciale du ministère de la Guerre." Mon mutilé hoche la tête et confie à sa compagne:

— C'est du chiqué, je parie.

Nous voyons des figures de généraux connus, des états-majors, des remises de décorations par le président de la République, des canons gigantesques tachetés comme des vaches normandes, qui élèvent avec une lente et terrifiante sûreté leur fût et crachent un nuage de fumée, tandis que leur bruit infernal, imité par la grosse caisse, se produit à des intervalles invraisemblables, ce qui fait sourire le sous-officier.

Tout à coup, je vois celui-ci qui se hausse sur son siège pour mieux voir. L'écran nous présente ces régions dévastées, anéanties, qu'on a trop vues, hélas! sinon en réalité, du moins par toutes sortes d'illustrations, depuis vingt-huit mois, sans répit. C'est une route défoncée et bordée de troncs d'arbres que le canon a déchiquetés à deux ou trois mètres du sol; c'est un monticule de gravats qui représente le village de X.... Ce sont des camions qui roulent à la queue leu leu, couverts de bâches, pareils à un troupeau de bêtes monstrueuses, anté-diluviennes, dans un décor d'astre éteint, d'où le soleil s'est retiré à jamais. L'homme, devant moi, se hausse sans cesse, s'aidant de son unique jambe, et ses bras s'agitent comme pour empoigner ses béquilles afin de se mettre debout. Il prononce tout haut le nom d'une de ces régions maudites dont l'univers entier s'est imprégné comme d'un poison versé goutte à goutte par la lecture biquotidienne du "communiqué." Et il prononce cela, cet homme quatre fois blessé, amputé d'une jambe, comme il eût dit le nom du lieu où il est né, où il a vécu petit enfant:

— C'est X! s'écrie-t-il. N. de D.! voilà la côte là-bas, à gauche, et, au milieu, le sacré petit bois!...

— Le petit bois? interroge la jeune femme.

— Pardi! c'est le petit bois, qu'on l'appelait: un millier d'échalas encore debout; tu ne penses pas qu'il reste des ramures avec des violettes sur la mousse.... Ah! n. de D.! je m'y reconnais; c'est pas pris dans la plaine Saint-Denis.

Le décor changeait. C'était à présent un chemin détrempé sous la pluie et la grêle. La relève.... Les hommes avançaient sous ce déluge. Le sol déblayé semblait un traquenard ennemi destiné à les absorber, à les enliser. Les malheureux se tiraient de cette pâte visqueuse en arrachant leurs membres dégouttants avec des contorsions qui, malgré l'immense pitié, par un étrange phénomène, faisaient rire. Et le sous-officier riait. Il riait non pas de l'innommable misère dont il était témoin et de ces gestes d'hommes évoquant des mouches prises par les pattes sur le papier gluant; mais pariait en disant à haute voix: "C'est elle!...je la reconnais bien.... Mais la compagnie, brilleu!... Tiens, voilà Bonidec, et ce pauvre Totu qui a eu le ventre crevé ...et le lieutenant Fesquet.... Ah! si je me reconnais!... Je m'en souviens bien, à présent, qu'on a passé devant un moulin à poivre.... Qui est-ce qui aurait cru que je me reverrais nez à nez avec ma compagnie au Cinéma? Tu ne trouves pas ça tordant, toi?

— Je te cherche là-dedans, dit la femme.

— Attends voir.... C'est qu'il y a du monde à passer, et on ne marche pas sur le pavé de bois.... Ah! voilà Crochet qui vient de ramasser une pelle.... Bon pour un bain de siège!... Tout seul,

tu sais, ma petite, on ne s'en sauverait pas. On y a passé des
fois par ce salaud de chemin-là; tu parles, si, pour le coup, ça
me rappelle quelque chose!

Et il s'agitait. Il ne tenait plus sur son fauteuil. La petite
femme à côté de lui s'évertuait à le replacer d'aplomb. Tout à
coup, elle s'écria:

— Te voilà, tiens, à ta droite.... Oh! je te reconnais rien que
de dos!

Alors il empoigna sa béquille pour se dresser, pour se voir.
Se voir dans quel état, mon Dieu! Sur le film, il n'avait pas
figure humaine; il parcourait, enfoncé dans la terre jusqu'aux
genoux, un calvaire que peu de martyrs ont connu. Mais,
devant moi, je le sentais rayonnant; l'image de lieux para-
disiaques l'avait laissé glacial; mais il exultait à retrouver une
des mémorables tortures de sa vie.

Je l'avais reconnu, moi aussi, sur l'écran; je le voyais embourbé, chargé de son fourniment et s'extirpant avec une
agilité endiablée de la terre affamée qui attire et engloutit
avec voracité les hommes. La jeune femme le regardait comme
moi s'extraire des ornières profondes et regagner son rang en
tricotant des guiboles.

Soudain, elle fut saisie d'une idée touchante et dont l'ingénuité était sublime:

— Oh! dit-elle, ta jambe!...tu as ta pauvre jambe!...

Les voisins qui l'entendirent frissonnèrent; mais l'amputé, lui,
tout à la joie de revoir une minute de l'extraordinaire passé,
prit la chose à la blague:

— Un peu que je l'ai, ma jambe, et que je m'en sers! Elle
était bonne!...

La lumière se fit dans la salle. Je vis l'homme, encore tout
enfiévré, heureux de ce qu'il venait de revoir—de ce qui lui
rappelait enfin quelque chose—se tourner vers la jeune femme
pour lui donner des détails nouveaux.

Elle l'écoutait sans le regarder, les yeux cernés par la douleur,
un peu fixes. L'amputé lui parlait avec une espèce d'exaltation
où il y avait le mot pour rire. C'était elle qui pleurait.

MATERNITÉ

La mère Vavin, âgée de plus de soixante-dix ans, si ordonnée, si propre, si méticuleusement soigneuse de sa personne et de sa maison, n'en était-elle pas arrivée à tout laisser aller autour d'elle à vau-l'eau? Le pain traînait sur la table, après les repas; les nippes pendaient au dos des chaises ou sur le lit; les casseroles de cuivre ne flamboyaient plus; le feu, quelquefois, s'était éteint dans la cheminée, et, quoique le froid piquât assez fort, elle n'y prenait seulement pas garde.

Qu'arrivait-il donc à la pauvre mère Vavin? Ah! tant de gens ont été touchés par la guerre! On citait plus d'une personne devenue un peu toc-toc dans le village. Cependant la mère Vavin ne déraisonnait pas. C'était une tête solide et qui avait fourni ses preuves, et, bien qu'elle eût, comme beaucoup d'autres, son fils en première ligne, elle avait donné à plus d'une l'exemple d'un courage résigné, d'une foi sûre, d'un espoir sans défaillance. Pas sa pareille pour connaître les plus menus faits de la campagne, qu'il s'agisse d'un front ou bien d'un autre, du secteur d'Alsace, de celui de Champagne ou de celui d'Artois: son fils avait été un peu partout; par lui elle savait où le soldat est quasi noyé dans l'eau inépuisable, là où il s'enlise dans la boue, là où il a la rare surprise de trouver un terrain qui permette d'améliorer son sort. Son fils jugeait de tout; il avait de l'instruction. Dans la vie civile il remplissait les fonctions d'instituteur.

C'était sa fierté, son honneur, ce fils, ce Baptiste, qu'elle, ignorante, ancienne fille de ferme, avait élevé jusqu'à enseigner les autres.

Était-ce donc à parler de lui, de ses galons de caporal, puis de son court petit galon de sergent, qu'elle employait ses journées dérobées aux soins du ménage? Non. Elle avait d'abord passé une partie de ses journées chez la veuve Ploquin, sa voisine, qui savait écrire; et, par l'intermédiaire de la veuve

Ploquin, elle s'entretenait avec son fils en lui posant des questions sur tout ce qui le concernait, lui, et en le tenant au courant des affaires du village.

C'était sa consolation, toute sa vie, désormais: converser de loin, par correspondance, avec son fils.

Seulement, à la longue, la veuve Ploquin s'était un peu fatiguée d'écrire. Alors la mère Vavin avait eu recours à un gamin de l'école primaire, à un élève même de Baptiste; mais le petit écrivait vraiment mal, avec difficulté et étourderie, sans comprendre rien de ce qu'on lui dictait et bouleversant les mots et les idées; en outre, il fallait lui donner à chaque fois deux sous. Et puis la mère sentait aussi, au fond d'elle-même, quelque chose qui restait inassouvi par les soins de la veuve Ploquin ou du petit élève. Elle fut un certain temps à s'en rendre compte et à le préciser. Un jour, elle abandonna tout, sa maison, la marmite et la bûche du foyer, les caquetages au pas de la porte. Elle se cacha.

On pénétrait chez elle; on voyait l'insouciance étalée, le désordre; mais on ne voyait pas la mère Vavin. On l'appelait; la mère Vavin ne répondait pas. Et tout à coup, on la voyait sortir, le teint enluminé, les yeux hors de la tête:

— Ah çà! mais où étiez-vous donc, la mère Vavin?

— Eh! pardi, j'étais là, répondait-elle.

Aussi, le bruit se répandit qu'elle avait reçu un coup de marteau.

Voici ce que faisait la mère Vavin.

Elle montait dans son grenier, avec un petit livre de classe élémentaire, un cahier de papier, une plume et de l'encre. Elle n'avait jamais ouvert, de son propre mouvement, un livre, ni touché une plume; et l'encre noire, sitôt répandue par la maladroite, lui faisait peur. Mais elle se souvenait d'avoir vu, maintes fois, son fils faire le maître d'école. Alors, aidée de la mémoire de Baptiste et des conseils qu'il avait tant de fois répétés devant elle aux enfants, aidée surtout de la force miraculeuse que peut produire un grand amour, la mère Vavin, de sa main de soixante-dix ans, traçait des bâtons, s'escrimait

aux "pleins et déliés," s'acharnait à l' "écriture cursive," après
avoir sué sang et eau à apprendre à lire, tant mal que bien.

Personne ne se fût avisé d'aller la troubler dans l'endroit
où elle s'était réfugiée, et, en cet endroit, elle passa des jours
entiers, des semaines, de longs mois. Pour elle, rien de ce qu'elle
avait accompli durant sa vie n'approchait en difficulté de la
tâche insensée qu'elle s'imposait là; mais aussi, en revanche,
plus son effort était inimaginable et grand, plus puissant était
le contentement intérieur qu'elle éprouvait. Sans doute il
s'écoulerait un temps démesuré avant qu'elle ne pût corres-
pondre avec Baptiste, mais le sergent ne se faisait pas faute
de lui dire que, sur la durée de la guerre, il ne fallait pas se faire
d'illusion; et, si lui, le brave garçon, consentait bien à endurer
les douleurs de la vie de combattant, comment donc manquerait-
elle de patience, elle, la vieille écolière, dans son tranquille
grenier?

Et, en attendant, elle continuait à utiliser tous les gens
savants du village, le soir venu, à la chandelle, pour faire parvenir là-bas, dans ce sinistre secteur de…, son amoureux bavardage de mère. "Attends un peu, pensait-elle, tout en dictant,
quand je pourrai écrire de ma main, voilà une chose que je
tournerai autrement!" ou bien il y avait de ces tendresses
qu'elle se faisait une pudeur d'exprimer, sans savoir pourquoi,
devant des personnes étrangères.

— Mais vous avez de l'encre plein les doigts, la mère Vavin,
comme un clerc de notaire?…

— Oh! c'est que j'ai rangé tantôt des affaires à Baptiste!…

Un beau jour, enfin—il y avait bien neuf ou dix mois qu'elle
peinait—elle crut pouvoir se hasarder à écrire une lettre à son
fils.

Son vieux cœur battait. Le tremblement dans les "pleins
et déliés" oh! il ne fallait pas s'arrêter à ce détail. L'important
était qu'elle allait s'adresser sans intermédiaire à son "poilu."
La première fois, elle n'y put parvenir, non qu'elle fût inhabile
à tracer les caractères, mais parce que ses yeux se mouillaient,
et elle ne sut que pleurer sur son papier.

Puis, elle se trouva en face d'un mystère. Par l'intermédiaire des personnes étrangères, elle avait jusqu'ici adopté une sorte de langage qui n'était pas celui de son cœur intime. Même en parlant, autrefois, de vive voix, à Baptiste, quand le cher enfant n'était pas à demi enterré comme aujourd'hui, elle lui parlait sans être agitée par la vague profonde qui la secouait à présent. De sorte que, bouleversée par les habitudes prises, d'une part, par l'accroissement de tendresse et le besoin nouveau de pitié, de l'autre, et aussi par un phénomène qu'elle ne s'expliquait pas, bien entendu, et qui rend si difficile l'expression de la pensée par l'écriture, la pauvre vieille se trouvait toute déchirée et impuissante. Il fallut triompher encore de cet obstacle; elle s'obstina; elle crut en triompher et s'imagina un moment enfin saisir sa joie. Elle avait écrit la lettre. Elle ne pouvait pas la relire, mais elle l'avait faite; et son effort surhumain la leurrait sur la réussite. Elle ne dit mot à personne et alla, quasi ivre, jeter la lettre à la boîte.

Son fils lui répondit plus rapidement qu'il n'avait coutume de le faire. Elle crut pouvoir le lire, car il s'agissait d'un billet très court; mais elle était trop émue, et elle confia le papier au premier gamin rencontré:

"Ma chère vieille maman,

"Je t'écris vite, car tu m'as rempli d'inquiétude. Est-ce toi qui m'adresses une drôle de lettre datée du 20 de ce mois? Je ne te reconnais pas. On dirait que c'est quelqu'un qui m'écrit pour me faire croire que tu es en bonne santé; mais, c'est bizarre, je n'ai pas confiance en ce galimatias, et j'écris, en même temps qu'à toi, à M. le maire pour savoir sérieusement comment tu vas.

"Fais-moi répondre courrier par courrier, ma bonne chère maman. Ici, 'on ne s'en fait pas,' comme nous disons; mais il y a un boucan d'enfer au-dessus de nos têtes. N'augmente pas mon malaise en me causant du tourment à propos de toi....

"Entre parenthèses, à qui diantre t'es-tu confiée pour me confectionner pareil gribouillage? A coup sûr, pas à la veuve Ploquin, qui écrit très lisiblement! Et j'espère bien, fichtre! que ce n'est pas non plus à l'un de mes élèves!..."

EXERCICES

(T.) indique les questions posées sur *le texte*;
(M.) sur *les mots*; (G.) sur *la grammaire*.

1er Exercice: Le Rayon de Soleil.

Not many sounds in life, and I include all urban and all rural sounds, exceed in interest a *knock at the door*. It " gives a very echo to the throne where hope is seated." But its issues seldom answer to the oracle within. It is so seldom that just the person we want to see comes. But of all the clamorous visitations the welcomest is the sound that ushers in, or seems to usher in, a Valentine. The knock of the postman on this day is light, airy and confident, and befitting one that bringeth good tidings.

Charles Lamb, *Valentine's Day.*

(T.) 1. Quel fut le premier deuil de la famille? Pourquoi l'infirmière voulait-elle Louise comme marraine du poilu? Que pensez-vous que Louise ait écrit?

(M.) 2. Préférez-vous habiter la campagne, la ville ou la banlieue? Comment s'appelle le malaise qu'on sent lorsqu'on est hors de la patrie? Qu'est-ce qu'un homme casanier—remuant?

3. Dans quel chœur chantez-vous? Quelle voix avez-vous?

4. Avez-vous une marraine? Quels sont les devoirs usuels d'une marraine?

5. Quel vent amène la pluie? Quel temps fait-il aujourd'hui?

6. Qu'est-ce qu'on remonte? épargne? ménage? repose? soigne?

7. Qu'est-ce qui ranime? attriste? siffle? souffle? rayonne?

8. A quoi sert un traversin? un oreiller? un abat-jour?

9. A quel repas mange-t-on du potage? qu'est-ce qu'un jardin potager? un jardin d'agrément? un verger?

10. Exprimez en un seul mot: une petite fille—goutte; un petit jardin—livre; couvert de feuilles—d'herbe—de poil; dès ce temps; un endroit où tout le monde est content.

11. Trouvez le mot contraire: le jardinet *ensoleillé*; une musique *réjouissante*; la bonne humeur; une valise *légère*; une lutte *banale*.

(G.) 12. La lettre qu'elle m'a *écrite* est la plus jolie que j'*aie* jamais *reçue*. Faites encore deux exemples de cet accord du participe et de ce subjonctif.

13. Mettez *au présent*: la pluie *égrenait* de branche en branche; les voix *répétaient* des hymnes; elle *jetait* un coup d'œil sur la porte; *au passé indéfini*: je les *choisis*; je leur *choisis* celui-ci; elle s'*inspira* de la situation désespérée; *au passé défini*; elle lui *écrit*, il *lit* la lettre et y *répond*.

2ᵉ Exercice: Le Coup d'Adrienne.

Elinor and her mother rose up in amazement at his entrance and, while the eyes of both were fixed on him with an evident wonder and a secret admiration which equally sprang from his appearance, he apologised for his intrusion by relating its cause in a manner so frank and so graceful that his person, which was uncommonly handsome, received additional charms from his voice and expression. But had he been old, ugly, and vulgar, the gratitude and kindness of Mrs Dashwood would have been secured by any act of attention to her child.

JANE AUSTEN, *Sense and Sensibility*.

(T.) 1. Quel fut le coup d'Adrienne? Comment la situation fut-elle sauvée? quel résultat heureux ce coup pourrait-il avoir?

(M.) 2. De quoi couvre-t-on les meubles en l'absence de la famille? Qu'a-t-on pour protéger les fenêtres? par où passe-t-on d'une chambre à une autre?

3. A quelle occasion administre-t-on une semonce—est-il défendu de causer—sort-on de son calme?

4. Que peut-on porter à la boutonnière? quand a-t-on le bras en écharpe? quand se sert-on d'une lorgnette?

5. Quel jour se fit le défilé des troupes? pourquoi fête-t-on ce jour? quelle date sommes-nous aujourd'hui?

6. Faites des phrases pour distinguer entre: la figure—le chiffre; la pièce—le morceau; faire mine—faire semblant.

7. Expliquez l'adjectif: un journal bien *renseigné*; une nouvelle *inattendue*; un couloir *dérobé*; un plaisir *gâté*; une conversation *renouée*; la mer *verdâtre*.

8. Exprimez à l'aide d'une autre tournure: elle a plus de vingt ans; elle n'est pas peureuse; personne n'entre dans la maison; gardez-vous de vous étendre; la perfide! à quel point son insolence monte!

(G.) 9. Intercalez dans des phrases les adverbes de: joli, subreptice, forcé, visible, poli, inutile, inintelligible, continu.

10. Remplacez par des pronoms: sans *ce monsieur*, on ne voit rien; il est si bien avec *ces dames*; il s'installe chez *leurs parents*.

11. Mettez *au passé défini*: on *ménage* son argent, on le *place*; rien n'*efface* ce souvenir, on *juge* le cas pendable; *au passé indéfini*: elles n'y *restent* pas, elles se *démènent*, se *mettent* en route.

3ᵉ Exercice: L'Homme jeune.

There is nothing which one cannot put to profitable use. Thus, professing the art of killing, as La Fontaine calls it, I take advantage of it to pursue nobler ends, and I contrive to make my occupation, seemingly hostile to study of any kind, as it is, my chief source of instruction in more than one field. Thanks to my war-harness, I have journeyed through Italy, where one cannot travel except with an army. To these expeditions, I owe observations, knowledge, ideas, which I could not have acquired otherwise. And were it only for the language, should I have lost my time by learning an idiom made up of the loveliest sounds which I have ever heard articulated.

PAUL-LOUIS COURIER, Lettre de Tarente, le 8 juin 1806.

(T.) 1. De quelle façon Henri ressemblait-il à un personnage de Shakespeare? A quoi pensaient ses parents en le regardant? Qu'est-ce qu'ils ne pouvaient comprendre dans leur fils?

(M.) 2. De quelles idées faut-il se débarrasser? quelles luttes faut-il éviter? à quelles objections faut-il céder?

3. A quel métier—à quelle profession vous destinez-vous? pour être peintre quelles qualités faut-il?

4. Quelle est la médaille au ruban jaune? quel soldat a des galons? quel ruban a la croix de la Légion d'honneur?

5. Par quel temps ôte-t-on le gilet? pour quels jeux porte-t-on une ceinture? à quoi servent les bretelles?

6. De quelle espèce de personne dit-on: c'est un lambin; c'est un type; c'est un lapin; c'est un gamin.

7. Exprimez à l'aide d'un gallicisme: on dort bien avant dans le jour; on garde rancune contre lui; il ne conservera pas plus tard les mêmes prétentions; il faut laisser le champ libre aux jeunes.

8. Contraire: un faux-col *gênant*; un être *banal*; les *plus mauvais* citoyens; un *vieil* ami; une lutte *épique*.

(G.) 9. Employez dans des phrases les adverbes de: gaillard, étroit, égal, secret, complet, courageux, amoureux, vigoureux, positif, vif.

10. *Au passé défini*: le gamin *a fait, a vu, a vécu, a vaincu*; *au passé indéfini*: qu'*apprend*-on? rien, on s'*attarde* en de faux chemins; *à l'imparfait*: madame *exagère*, je ne *relève* pas de maladie, elle me *harcèle*.

4ᵉ Exercice: Les Pommes de Terre.

We are fortified by every heroic anecdote. The novels are as useful as Bibles if they teach you that the best of life is conversation, and that the greatest success is confidence, or perfect understanding, between sincere people. 'Tis a French definition of friendship, *rien que s'entendre*, good understanding. The highest compact we can make with our fellow is,—Let there be truth between us for evermore. That is the charm in all good novels, as it is the charm in all good histories, that the heroes mutually understand from the first, and deal loyally and with a profound trust in each other.   Emerson, *Conduct of Life*, Ch. v.

(T.) 1. Quelles pertes la pauvre vieille maman avait-elle souffertes avant de se réfugier à Paris? Avant la grande guerre quelle vie avait-elle menée? Pourquoi tenait-elle à retourner dans son village?

(M.) 2. A la gare, qu'est-ce que le quai, le guichet, la consigne, le buffet? Comment s'appelle le "Tube" de Paris?

3. A quelle saison sème-t-on les pommes de terre? quand commence— et finit—la récolte? Que faut-il pour faire bien pousser ce légume peu intéressant? joue-t-il un rôle aussi important dans la cuisine française que dans la cuisine anglaise?

4. On dit des *grappes* de raisin, et de quels autres fruits? on dit *un trousseau* de quoi? *un carré* de quoi? *un fût* de quoi? *un pan* de quoi?

5. Qu'est-ce qui manque au poltron? au dilettante? au blagueur?

6. A quelle heure tinte l'angelus? par quel temps le vigneron sentait-il sa vieille blessure? à quelle date tombe la Fête-Dieu?

7. Quelle différence y a-t-il entre: le raisin et le raisin sec? la cave et la caverne et le cellier? l'aîné et le cadet? revenir et retourner? les riens et les reins? les rênes et les reines et les reines-Claude?

8. Qu'est-ce qu'on bêche? sarcle? bat? bâtit? sème? coud? souhaite? éteint? étend? entend? recouvre?

(G.) 9. *Ils étaient cousins* avant de *s'établir en ménage*; dites la même chose en employant *avant que*.

10. Page 14, ligne 14; pourquoi—*je n'en ai reçu?* faites encore deux exemples de cette locution.

11. Ecrivez les temps primitifs—l'infinitif, les deux participes, le prés. de l'ind. et le passé déf.—de: relever, épeler, rejeter, exagérer, placer, ménager; s'assombrir, s'éclaircir, s'adoucir.

12. Mettez *au passé indéfini*: elle s'y *réfugie*, on la *protège*; *à l'imparfait*: ma fillette *grandit*; cela *aboutit* à quelque chose; on *avertit* la bonne; elle se *blottit* dans le couloir.

EXERCICES 41

5ᵉ EXERCICE: AH! LE BEAU CHIEN!

(T.) 1. A quel moment Edouard dit-il "Ah! le beau chien!" et quel en fut la conséquence? Comment Fingal goûtait-il sa fortune? Pourquoi Mme Bullion craignait-elle que sa fille ne manquât de cœur?

(M.) 2. Décrivez le travail du camoufleur; du vigneron; du chauffeur; du maître d'hôtel; de la gouvernante.

3. Quand se voit-on en pyjama? en paletot? en mackintosh?

4. Qu'y a-t-il sur la table à coiffer? sur le lavabo? de quel savon vous servez-vous? de quelle poudre dentifrice? quelle éponge préférez-vous?

5. Avec quoi fait-on des couvertures? des oreillers? des serviettes? des matelas? des édredons? des couvre-pieds?

6. Quelle voiture a des pneus jumelés? qu'indique un pneu dégonflé?

7. Nommez une plante rampante—grimpante—vivace—annuelle.

8. Expliquez l'adjectif: la figure *glabre*; le paletot *imperméable*; la porte *méridionale*; la fenêtre *entre-bâillée*; la bouche *béante*; une *verte* semonce; la belle-mère *frileuse*; le gendre *espiègle*.

9. Trouvez des expressions adverbiales contraires: *incontinent,* je me baigne, *volontiers, au su et au vu de tout le monde.*

10. Trouvez des expressions adverbiales synonymes: il l'a *dûment* épousé; *dans le passé* on se bousculait *en tout lieu*; ils le soulagent *en rivalisant entre eux*; on prolongea le voyage *autant qu'on voulait.*

(G.) 11. Faites précéder par *à moins que* et par *sans que*: la pensée est pure, on savonne la peau en vain.

12. *Elle lui fit faire une couchette*; répétez cette locution en vous servant au futur des expressions: raccommoder mes bottines; recoudre ce bouton; alimenter mon caniche.

13. Combinez avec des verbes les adverbes de: abondant, élégant, savant, pesant, arrogant, puissant, apparent, récent, fréquent.

14. Mettez *au présent*: ils *ficelèrent* le paquet, ils *appelèrent* le chien, ils le *promenèrent*; *à l'imparfait*: on *obéit* à la maîtresse; on *garnit* sa niche, on *nourrit* le chien, il *épaissit*; *au passé indéf.*: elle ne s'*aperçoit* pas du défaut qui se *découvre.*

15. Le plus vilain chien que j'*aie* vu; il a plus de place que je *n'en* ai jamais occupé moi-même; commentez les mots en italique.

6ᵉ Exercice: Résumé: Pages 1—21.

1. Quelle est la date du commencement et de la fin de la grande guerre? de la fête de la République?

2. A quelle heure vous levez-vous—vous couchez-vous—vous apprêtez-vous à jouer?

3. Où poussent les légumes—les fleurs? quelle fleur sent le meilleur? laquelle a les plus jolies nuances de couleur?

4. A la gare où achète-t-on son billet—laisse-t-on ses bagages—monte-t-on dans le train?

5. Préférez-vous du potage ou une côtelette? achetez-vous des pêches ou des reines-Claude par préférence? vous servez-vous de lunettes pour lire? par quel temps portez-vous un imperméable? quel faux-col vous plaît surtout?

6. Pour être appelé Roussaud, que faut-il? Comment s'appelle le jeune homme retardataire, celui que tout le monde admire?

7. Qu'est-ce qu'une passerelle—une cohue—un geste—une semonce—un supplice—un lieu commun—une mie—un galon—une ceinture—un gilet?

8. En un mot: celui qui acquiert—qui lit—qui écrit—qui peint—qui joue—qui blague—qui prend des photographies—qui vend des fleurs—qui sent le froid—qui voit quelque chose de ses propres yeux—qui s'introduit sans être invité—qui pose trop de questions.

9. Refaites ces phrases en vous servant des mots *contraires*: on *retient* le chien *dangereux*; le caniche *sort* queue *basse*; on *empêche* mon départ *précipité*; on *gaspille* l'argent *abondant*; j'*ôterai* ce faux-col *raide*; on *déteste* l'enfant *maussade*; *évitez* la *mauvaise* humeur; il faut se *débarrasser* des idées *désuètes*; j'*ignore* ce *vilain* endroit.

10. Qu'est-ce qu'on savonne? ficelle? boucle? mâche? alimente? promène? étale? bouscule? Qu'est-ce qui luit? coule? gambade?

11. Trouvez deux acceptions pour chacun des mots: l'office, une marmite, un entonnoir, une boucle, un collier, une niche, un rayon.

12. Comment appelle-t-on dans le langage populaire: un petit village, un grand bruit, un gros obus, l'impertinence, un vilain chien?

13. Que faut-il remarquer sur le genre des mots: le murmure, la peau, le tour, le sérieux, le bonheur, la sentinelle, la personne?

14. Donnez *le verbe* avec l'anglais de: épais, raide, la gêne, l'ennui, le mélange, l'épargne, l'accueil; *l'adjectif*: le jumeau, la politesse, la crainte; *le nom*: osseux, pluvieux, poussiéreux, sain, joufflu, sourciller, égorger, s'accouder, cent, quarante, douze.

7ᵉ Exercice: Le Prisonnier.

Old Captain Dèr, a soldier of Hannibal's type, came to see my father whom he had known in the battalion of the Ain, and that finished me off. From that moment our plan of enlisting in his regiment was settled. But would he find us at eleven years of age sufficiently old, sufficiently tall? Would we dare even to speak to him and to meet his severe eye? For nothing was more terrible, it must be admitted, than the glance of the captain's eye. What anxiety! and what a night spent in mortal expectation! Day broke, it brought us no consolation; on the contrary, as for me, whose spirits were obviously sinking, I awoke to find myself confined to my room. I wanted to go out. O grief! the door was securely locked.

Edgar Quinet, *Histoire de Mes Idées*, Ch. v, hiver de 1814.

(**T.**) 1. Décrivez le terrain du jeu, les armes et les munitions des joueurs. Pourquoi le petit Bob n'était-il pas content? Quelle tâche a-t-on enfin trouvée pour lui?

(**M.**) 2. De quoi se compose le dessert? Comment sert-on les tomates? Quelle espèce de chou préférez-vous? A quoi sert l'arrosoir et par quel temps s'en sert-on? quels légumes cultive-t-on dans la bâche?

3. Quels jours de congé avez-vous dans la semaine et quelles vacances dans le cours de l'année? quel jour porte-t-on un chapeau melon?

4. Dans quoi boit le môme? à quoi sert sa bavette? que portait *l'homme jeune* pour protéger son gilet?

5. Où soigne-t-on les blessés? que faut-il pour transporter des marchandises? pour remuer la terre? pour faire une andouille—du potage—une salade?

6. Trouvez d'autres comparaisons: rouge comme *un homard*; rare comme *un merle blanc*; noir comme *une taupe*.

7. Trouvez d'autres expressions adverbiales: on réussit *du premier coup*; on file *comme le vent*; on accepte *stoïquement* le châtiment; mes amis arrosent mon jardin *à qui mieux mieux*.

(**G.**) 8. Temps primitifs de: remplir, accueillir, percevoir, devoir.

9. *Au passé défini*: on s'y *dirige*, on *confère* les grades, on *grommelle* pas mal; *au passé indéfini*: que *deviennent*-ils? on les *accueille* mal, on les *rend* jaloux, ils s'en *vont*.

10. Faites précéder par *il faut que*: vous consentez à être Boche ou vous vous retirez du jeu; on lui remet une pelle.

8ᵉ Exercice: Le Prisonnier (Suite).

I have mixed in my espaliers as many rose and jessamine trees as
I can cram in; and in the squares designed for the use of the kitchen,
have avoided putting anything disagreeable either to smell or sight,
having another garden below for cabbage, onions, garlic, etc. All the
walks are garnished with beds of flowers, besides the parterres which
are for a more distinguished sort. I have no walls, all my fence is a
high hedge, mingled with trees. Gardening is certainly the next amuse-
ment to reading, and as my sight will now permit me little of that, I
am glad to form a taste that can give me so much employment and be
the plaything of my age.

LADY MARY WORTLEY MONTAGU, Letter to her daughter,
July 26, 1748.

(T.) 1. Quel fut le sort du *Boche*? Comment fut-il découvert et dédommagé
des peines qu'il avait souffertes?

(M.) 2. Trouvez des adjectifs: une discipline *qui ne laisse rien à désirer*;
un poste *qui n'est pas humble*; une situation *où on ne peut
plus se défendre*; un enfant *dont on ne comprend pas la
conduite*; une affaire *faite vite et avec peu d'examen*.

3. On dit: une poignée *de gravier*; on dirait: une brassée de quoi? une
bouchée—une gorgée—une assiettée—une pochée—une cor-
beillée—de quoi?

4. Qu'est-ce qui a une tige? un bouton? un trognon?

5. Qu'est-ce qui pousse dans la plate-bande? dans le carré? de quoi
couvre-t-on les bâches?

6. Que mange-t-on au goûter? à quelle heure faites-vous un goûter?
quelle marque de chocolat préférez-vous?

7. Faites des phrases pour distinguer entre: le geste—la plaisanterie;
voir—voire; toutefois—toutes les fois.

8. Qu'est-ce qu'une échalote? un haricot? un poirier? un camion? un
rez-de-chaussée? un meuble? un couloir?

(G.) 9. Combinez avec des verbes les adverbes de: abondant, savant,
puissant, complaisant, nonchalant, insolent, ardent, éminent,
posé, exagéré, bête, honnête, indéfini, officiel, relatif, familier,
victorieux.

10. Remplacez *quand* par *à moins que*: Les mots les plus éloquents sont
écrits sur le sable *quand* ils ne sont pas soutenus par la vie.

11. Temps primitifs: partager, gémir, répondre, étendre, rendre.

12. *Au passé indéfini*: elle s'*inquiète*, la nouvelle se *répand*, on *perçoit*
une voix, on s'*empresse* autour du prisonnier; *au passé défini*:
on *plaint, choie, interroge* la victime.

9e EXERCICE: ÇA ME RAPPELLE QUELQUE CHOSE.

I have made many voyages to remote and barren shores; I have travelled over desert and inhospitable lands; I have defied danger, I have endured fatigue, I have submitted to privation. In the midst of these I have experienced pleasures which I would not at any time have exchanged for that of existing and doing nothing. I have known many evils but I have never known the worst of all, which, as it seems to me, are those which are comprehended in the inexhaustible varieties of *ennui*: spleen, chagrin, vapours, blue devils, time-killing, discontent, misanthropy.

PEACOCK, *Nightmare Abbey*, Ch. VII.

(**T.**) 1. Décrivez l'ancien soldat et sa compagne; comment la soirée s'est-elle passée pour l'un et l'autre? quelles impressions ont-ils remportées?

(**M.**) 2. Que fait-on avec de la cire? qu'assaisonne-t-on avec du poivre—avec de l'ail? quel fruit met-on dans les gâteaux?

3. Qu'est-ce qu'on tricote? coud? ourle? rapièce? raccommode?

4. Quel genre de film préférez-vous? lesquels vous laissent glacial? dans quoi s'assied-on au cinéma? sur quoi voit-on des films? quelle musique joue-t-on? allez-vous souvent au cinéma?

5. Combien de temps mettez-vous pour vous habiller? qu'est-ce qui fait dresser les cheveux? à quelle heure vous déshabillez-vous? où était *le prisonnier* qui se déroba à tous les yeux?

6. Quelles choses nous sont en général indifférentes? quel est le mélange inappréciable dont parle notre auteur?

7. Expliquez l'adjectif: un enfant *unique*; le pain *quotidien*; les yeux *cernés*; un astre *éteint*; un aplomb *imperturbable*.

8. Comment s'appelle l'endroit où on moud le grain—le bâton auquel on attache un cep de vigne—sur lequel s'appuie le boiteux —la toile qui recouvre le camion?

9. Trouvez une autre tournure: les fillettes sont *simplement vêtues,* elles se promènent *à la suite les unes des autres*, elles *font des efforts pour* emboîter le pas, on leur défend d'*ôter leur chapeau.*

10. Ajoutez le mot contraire qui manque: point d'*embarras*,....surtout; *ennemi* de l'infâme laideur,....du beau en tout.

(**G.**) 11. Ajoutez le mot qui manque: on m'a accueilli mieux que je... comptais; j'ai reçu le meilleur accueil qu'on...imaginer.

12. Faites précéder par *pour que*: on sort de l'ornière, on s'évertue; par *je vois*: l'amputé empoigne sa béquille, se dresse; remplacez le nom par l'infinitif du verbe: sans *hésitation*, sans *crainte*.

13. Temps primitifs: rappeler, avancer, envahir, pleuvoir, pendre, tordre, battre.

14. *Au passé indéfini*: les lampes se *rallument*; on *entre*; on *sort*; *au passé défini*: il *pleut*, elle *pleure*; le soleil *luit*, elle se *ragaillardit*.

10ᵉ Exercice: Maternité.

You reproach me with the low estate of my ancestors. Alas! it is too true that the last of all combined with several branches of trade a not inconsiderable reputation in the art of clock-making. Obliged to acknowledge my guilt upon that count, I confess that nothing can purge me from the just reproach which you bring against me of being the son of my father...But I stop; for I feel him behind me, he looks at what I am writing and kisses me as he laughs. You who reproach me with my father have no idea of the generosity of his heart. Truly, watchmaking apart, I see no one for whom I would exchange him.

BEAUMARCHAIS, *La Paternité.*

(T.) 1. Pourquoi la vieille mère se décida-t-elle à apprendre à écrire? Comment s'aperçut-on que quelque chose de singulier se passait chez elle? Comment furent récompensées ses peines aussitôt— et dans la suite?

(M.) 2. Comment vous tenez-vous au courant des affaires du pays? comment répondez-vous aux lettres de vos parents? comment employez-vous les moments dérobés aux devoirs du soir?

3. Comment, et où, faut-il ranger les nippes—les livres—les casseroles?

4. Que faut-il pour juger de tout—pour améliorer l'écriture—pour avoir un beau teint—pour faire du feu—pour écrire une lettre?

5. Qu'est-ce qui flamboie? luit? pique? qu'est-ce qu'on cite? relit? relie? pose? accueille? cueille? arrache? bêche? épargne? peint? peigne?

6. De quoi faut-il être soigneux? de quoi manque l'étourdi? le maladroit? le gamin? le cabot? *Mlle Bullion* selon sa mère?

7. Où jette-t-on la lettre qu'on a écrite? où met-on les bagages qu'on veut laissèr à la gare—les plantes délicates par le temps froid— les œufs dont on va faire une omelette?

8. Trouvez une phrase: un espoir *inébranlable,* une patience *inépuis-able,* une réponse *immédiate,* une réponse *orale, insouciant* du lendemain; trouvez un adverbe: on a écrit *avec difficulté,* répondu *avec flegme,* joué *avec adresse.*

9. Contraire: les faits *essentiels;* la tâche *raisonnable;* un nom *de bon augure; la diminution* de *l'amertume; l'embarras jamais* et *nulle part.*

10. En un seul mot: celui qui enseigne dans une école primaire—dans un lycée; qui a de la science; qui a perdu sa femme; ce qu'on ne peut pas épuiser, excuser, imaginer, lire.

(G.) 11. Temps primitifs: pénétrer, tracer, consentir, réussir, relire, revoir, survivre.

12. *Au passé indéfini*: impossible de lire la lettre que vous *écrivez,* tu *remplis* ta mère d'inquiétude, je ne te *reconnais* pas; *au passé défini*: on *répond* bien, on n'*échoue* plus, on *réussit.*

13. Ajoutez *quoique*: nous n'entendons rien...nous dressons l'oreille; Malherbe et Balzac,...ils sont si savants en bon mots, en cuisine peut-être auraient été des sots.

DERNIER EXERCICE: RÉSUMÉ.

(M.) 1. Quel ouvrier sarcle—peint—bâtit des maisons—'fait l'auto'?

2. Comment le vigneron se sert-il du fût, de l'échalas, de la cave? le jardinier de la bâche, et de la pelle?

3. Si on est souffrant, qui appelle-t-on? si on perd son aplomb—si on esquisse un geste de violence que faut-il faire?

4. Préférez-vous la mie ou la croûte du pain? Quel traquenard faut-il éviter en répondant à cette question?

5. A quelle date vous souhaite-t-on votre fête? quel temps faisait-il lorsque *Louise* écrivit sa lettre? A quelle heure se déclencha l'attaque du bataillon de *Max*?

6. A quoi sert un terrain uni—un terrain vague? Nommez un endroit dans la banlieue de Londres. Qu'est-ce qui tinte et rappelle en tout lieu que le matin des jours et le soir sont à Dieu?

7. Comment ranime-t-on le zèle de l'élève?—apaise-t-on le courroux du professeur? A quoi sert un cahier?

8. Que faut-il pour faire l'omelette? le potage? la salade? du beurre? du vin? la pâtée? le cierge?

9. Qu'est-ce qu'on tinte? sonne? verse? savonne? gribouille?

10. Quelles gens portent une coiffe? une ceinture? un gilet? quelles gens bredouillent? portent un ver luisant? ont des galons?

11. En un seul mot: garni de rubans—de coussins en forme de matelas; une foule tumultueuse; celui qui commande même aux généraux —qui acquiert—qui envahit; peu reluisant—peu nombreux— peu joli—peu favorable.

12. Trouvez une autre tournure: *à la longue*, le sabre est toujours battu par l'esprit; *il est défendu* aux savants de ne pas savoir vivre; on ne voyage pas loin *en ne sortant pas de l'ornière*; c'est le chemin du paradis, on n'y va qu'*un à un*.

13. Comment s'appelle le contenu du poing, d'une cuillère, d'un plat, d'une écuelle, d'une cruche, d'une pelle?

14. Quels sont les noms collectifs de: huit, quinze, vingt, cent, mille?

15. Faites des phrases pour montrer la différence entre: la langue— le langage; la compagne—la campagne; le pavé—le trottoir; le goût—la goutte; le jeu—la joue—le jus; le chiffre—la figure; les cheveux—le poil; écouter—entendre; causer—parler; cueillir—accueillir; apprendre—enseigner; rester—se reposer; débuter—achever.

LEXIQUE

DES MOTS LES MOINS USITÉS.

un **abat-jour**, a lampshade
d'**abord**, at first, at the outset
aboutir, to end, come upon, come to something
aboyer, to bark
un **abri**, a shelter
abriter, to shelter
accentuer, to accentuate, define, make conspicuous
un **accessoire**, an accessory, stage-property
s'**accrocher**, to catch, cling
un **accroissement**, an increase, growth
accueillir, to gather to oneself, welcome
s'**acharner** à, to struggle desperately with, fall upon furiously
achever, to terminate, complete, accomplish
un **acquéreur**, a purchaser
s'**acquérir**, to be acquired
s'**adonner** à, to devote oneself to, be addicted to
une **adresse**, an address; skill; *à l'adresse de*, addressed to, intended for
aérien, aerial, air; *un moteur aérien*, engine of aeroplane
une **affabulation**, a course, plot (of narrative)
s'**affaisser**, to succumb, collapse
affamé, famished, greedy
agir, to act; *il s'agit de*, it is a matter of, it is concerned with
agiter, to agitate, move, shake
l'**ail** (*m.*), pl. *aulx*, garlic, garlic plant
ailleurs, elsewhere; *d'ailleurs*, besides, moreover
aîné, elder; *l'aîné*, the eldest
aisé, easy, well-to-do
ajouter, to add
aligner, to set in line

alimenter, to feed, nourish
alité, confined to one's bed
allier, to ally, reconcile
amasser, to amass, lay by
améliorer, to better, improve
amener, to bring
un **amoncellement**, a heaping up, accumulation
l'**amour** (*m.*), love; *l'amour propre*, self-esteem, vanity
amoureux, loving, affectionate
un **amputé** des deux jambes, one who has lost both legs
l'**ancienneté** (*f.*), seniority, antiquity
une **andouille**, a pork sausage; 'a waster,' 'dud'
anéantir, to annihilate, reduce to nothing
l'**angelus** (*m.*), the angelus, prayer-bell
l'**angoisse** (*f.*), anguish, distress, anxiety
un **aparté**, an aside, a private conversation
aplatir, to flatten, squash
l'**aplomb** (*m.*), poise, assurance; *d'aplomb*, plumb, upright, steady, straight
apparaître, to appear, seem
un **appareil**, an apparatus, appliance, machine
un **appartement**, a suite of rooms, flat
appartenir, to belong
appeler, to call, name
apprendre, to learn, to learn of, hear of
s'**apprêter**, to prepare oneself, be on the point of
un **appui**, a support; rail; sill, ledge
appuyer sur, to rest upon, emphasise
arracher, to tear up, pull up (lit. by the *roots*); s'*arracher de*, to tear oneself away from

arranger, to put in order; 'fix up,' knock up—or out

un **arrêt**, a stop; decree; sentence
arrêter, to arrest, stop; decree; engage

à l'**arrière**, at the back, in the rear

une **arrière-pensée**, a mental reservation, secret thought
arroser, to water, 'dowse,' 'pepper'

un **arrosoir**, a watering-can

une **assiette**, a plate
assis (asseoir), seated, sitting; established
assister à, to be present at, witness
s'**assombrir**, to grow gloomy, grow despondent
assumer, to assume, take upon oneself
asticoter, to tease, plague

un **astre**, a star
atroce, atrocious, excruciating
s'**attarder**, to dally, linger
attendri (attendrir), tender, pitying
attirer, to attract, entice

l'**aube** (*f.*), the dawn

l'**audace** (*f.*), audacity, boldness
au-dessous de, below, beneath
au-dessus de, above, beyond
augmenter, to augment, increase
auparavant, before, formerly
aussitôt, immediately
autant, as much, as many; *d'autant plus*, all the more

une **auto**, a (motor) car
autrefois, formerly, in past times

l'homme d'**avant**, the pre-war man

une **aventure**, an adventure, story
avertir, to warn, inform, let know, give notice

un **aviatik**, **avion**, a (military) aeroplane

un **avis**, an opinion, notice; *m'est avis*, I rather think
s'**aviser**, to have an idea, take into one's head

un **avorton**, an abortion, wretch, scarecrow

la **bâche**, the awning, hot-bed frame

le **bain**, the bath; *bon pour un bain de siège*, 'in for a bath'

le **balbutiement**, stammering

le **balcon**, the balcony

la **balle**, the ball (tennis or cricket), bullet
ballonner, to distend, swell
banal, commonplace, humdrum

la **banlieue**, the suburbs
bas, low; *la queue basse*, tail between legs
bâtir, to build

le **bâton**, the staff, straight stroke (in writing)

la **baudruche**, gold-beater's skin (of which toy balloons are made, *ballon en baudruche*)

le **bavardage**, gossip, chatter

la **bavette**, the bib
béant, wide open, gaping
bêcher, to dig
bedonnant, swelling, growing plump, swollen
bel et bien, well and truly

le **Belge**, the Belgian

la **belle-mère**, the mother-in-law

la **béquille**, the crutch

la **besogne**, the work, task, job

le **besoin**, need

la **bête**, the beast, animal; stupid person

le **biberon**, the feeding bottle

le **bien**, good, benefit, wealth

le **bien-être**, well-being, comfort, good living

le **billet**, the note, ticket
biquotidien, twice a day
bizarre, strange, odd

la **blague**, banter, humbug, 'rotting'; *à la blague*, in a 'chaffing' way
blesser, to wound
se **blottir**, to crouch, huddle

la **boîte**, the box
boiteux, limping, lame

le **bonhomme**, the fellow, chap
border, to border, edge; tuck in

le **boucan**, row, din, rumpus
boucher, to stop, stop up, cork

la **boucle**, the buckle, curl
la **boue**, mud
bouger, to budge, move
bouillir, to boil (water or with rage)
la **boule**, the ball (as in game of bowls); *faire boule*, to roll oneself up
la **boulette**, the small ball, pellet
bouleverser, to upset, turn topsy turvy
le **bouquet**, the bunch, clump
bourgeois, middle-class
bousculer, to hustle, push about, upset
le **bout**, the end, termination
le **bouton**, the button, knob, pimple
la **boutonnière**, the button-hole
le **boyau**, gut, bowel; communication trench
bredouiller, to mutter
les **bretelles** (*f.*), braces
la **bribe**, the morsel, fragment
le **bridge**, bridge (card-game)
brilleu! 'crikey!'
broncher, to stumble, stir, flinch
brûler, to burn
brusquer, to treat roughly, do hastily, attempt at once, 'rush'
la **brusquerie**, bluntness, abruptness, suddenness
la **bûche**, the log, block of wood
la **buée**, the vapour, mist

le **cabot**, the 'tyke,' 'joker' (slang for *chien* and *acteur*)
la **cache**, the hiding-place
en **cachette**, in secret, on the sly
les **cachotteries** (*f.*), mysterious ways, slyness, secretiveness
la **cagna**, dug-out, 'funk-hole'
le **cahier**, the note-book, copy-book; packet (of notepaper)
la grosse **caisse**, the big drum
calamiteux, calamitous, distressful
le **calvaire**, Calvary; crucifix; torment, torture
le **camion**, the motor-lorry
le **camoufleur**, the painter of *camouflage*

la **campagne**, the campaign; country, country-side
le **canonnier**, the artillery-man
le **caporal**, the corporal
capter, to secure, 'wangle'
les **caquetages** (*m.*), gossip, chattering
le **carré**, the square, patch, bed
le **cas**, the case, matter, question
casanier, stay-at-home
le **casque**, the helmet, headpiece
la **casserole**, the saucepan
le **cataclysme**, the cataclysm, disaster
le **cauchemar**, the nightmare
causer, to cause, talk (state the causes)
la **cave**, the cellar
la **ceinture**, the belt, waist
la **centaine**, the hundred
le **cep**, the vine (stock)
cependant, however
cerné, surrounded with dark rings (of the eyes)
cesser, to cease, stop
la **chair**, flesh; *la chair à pâté*, mincemeat
la **chandelle**, the (tallow) candle
changer, to change, change the linen
le **chanvre**, hemp
la **charogne**, carrion
chasser, to hunt, drive away, dismiss
le **châtiment**, chastisement, punishment
le **chef**, the chief, commanding officer; *le chef* (*de la cuisine*), the cook
la **cheminée**, the fireplace, hearth, chimney
le **chiffre**, the figure
chiquer, to 'fake up,' sham; *du chiqué!* 'fakes!'
le **chœur**, the choir
le **chou**, the cabbage
choyer, to pamper, pet
cicatriser, to form a scar, heal
la **cire**, wax
citer, to cite, quote, mention
le **clairon**, the bugle
mal **classé**, taking a low place, unsuccessful

le **cliché**, the negative (in photography)

clos (clore), closed, shut; *le clos*, enclosure, vineyard

le **cœur**, the heart, courage, affection

cogner, to thump, bump

la **cohue**, the mob

la **coiffe**, the (peasant woman's) cap

coiffer, to do the hair; *la table à coiffer*, the dressing-table

le **coin**, the corner

la **colère**, choler, anger, annoyance

coller, to stick; *ça colle!* 'righto!' (=*entendu*, agreed)

le **collier**, the (dog) collar, necklace

le **comble**, the height, 'limit'

le **commandant**, the major, commanding officer

se **commettre**, to commit oneself, trust oneself

le **communiqué**, the official report

les **communs** (*m.*), the outbuildings

le **compagnon**, *la compagne*, the companion

compromettre, to compromise

le **compte**, the computation, account; *en tenir compte*, to take into account; *s'en rendre compte*, to account for it, realise it

le, la **concierge**, the house-porter

se **concilier**, to be reconciled, win for oneself

confectionner, to execute, fabricate

la **confiance**, confidence

confier, to confide, entrust

le **congé**, leave, holiday

la **connaissance**, knowledge, acquaintance; *de ma connaissance*, of my acquaintance, which I know

consacrer, to devote

le **conseil**, advice; the council

conserver, to preserve, keep, retain

la **consigne**, order, command; cloak-room

construire, to construct, build

contenir, to contain; restrain, suppress

conter, to recount, relate

la **corbeille**, the basket

la **corde**, the rope, string

le **cordeau**, the cord, line

la **cornemuse**, the bagpipes

le **cortège**, the procession

la **côte**, the rib; hill, slope; coast

la **côtelette**, the cutlet

le **cou**, the neck

la **couche à melon**, the melon-bed

coucher, to put to bed; stop the night; *se coucher*, to go to bed

la **couchette**, the cot, small bed

le **coude**, the elbow

couler, to flow, run

le **couloir**, the passage

le **coup**, the blow, stroke, move, trick, feat; *le coup d'œil*, the glance; *le coup de pied*, the kick; *à coup sûr*, quite certainly; *d'un coup*, at a glance, at a stroke; *porter un coup*, to deal a blow, give a shock; *pour le coup*, this time, for once

coupable, culpable, guilty

couper, to cut, cut off, interrupt, stop

la **cour**, the court, yard; courtship

au **courant** de, informed about, up to date with

se **courber**, to bend, stoop

courir, to run, speed

courrier par courrier (*m.*), by return of post

le **courroux**, wrath, ire

la **course**, the race, run, ride, trip

court, curt, short

courtiser, to court

le **coussin**, the cushion

la **couverture**, the blanket

le **couvre-pieds**, the counterpane

cracher, to spit, spit out

la **crainte**, fear

craintif, timid, afraid

creuser, to hollow out, dig

crevé (crever), burst, 'done up,' dead

la **crise**, the crisis, perilous moment, dangerous situation (due to insufficient supply)—*la crise des effectifs*, lack of troops

cueillir, to gather

le **cuivre**, copper

le **culot**, the bottom (of lamp, etc.); 'cheek,' 'nerve,' 'sauce'

la **danse**, the dance; *on verrait la danse*, one would see a 'dust-up'

darder, to dart, flash, shed

déblayer, to clear away, strip; solve

debout, upright, standing

déchiqueter, to mangle, hack

déchirer, to tear, rend; *déchiré*, torn; unnerved

se **déclencher**, to be delivered

se **décoiffer**, to take one's hat off

déconcerter, to disconcert, baffle

le **décor**, the scenery, setting

dédaigneux, disdainful, contemptuous

dedans, inside

la **défaillance**, fainting, faltering

le **défaut**, the defect, failing

défendre, to defend; forbid

le **défi**, defiance

le **défilé**, the march past

défiler, to unthread; march past; *se défiler*, to skip away

définitivement, definitely

défoncer, to stave in, break up, blow up

défunt, deceased, late

se **dégonfler**, to be deflated, subside

dégoutter, to drip

dehors, outside

déjeuner, to lunch

se **démener**, to bestir oneself, exert oneself, struggle

démesuré, disproportionate, inordinate, excessive

demeurer, to reside, live, remain

dénué de, destitute of

depuis 70, since (the war of) 1870

déraisonner, to talk nonsense, wander

dérober, to steal, snatch; *se dérober*, to steal away; *dérobé*, hidden, private, back

dérouler, to unroll

derrière, behind; *par derrière*, at the back

dès, from, no later than, as early as; *dès le début*, at the very beginning

le **désarroi**, disarray, disorder, confusion

désespérément, despairingly, hopelessly

la **désinvolture**, freedom, lack of restraint

la **désolation**, regret, vexation

désolé, disconsolate, heartbroken, very sorry, woebegone

désormais, from that time on, henceforward

dessous, under, beneath; *les dessous*, undertones

le **destin**, destiny

désuet, obsolete

déterminé, determined, fixed

détremper, to soak; *détrempé*, soaked, sodden, running with water

dévaster, to devastate, ravage, lay waste

dévoiler, to unveil, reveal

le **devoir**, duty; task, homework

dévouer, to devote

diantre! the deuce! the dickens!

dicter, to dictate

digne, worthy, dignified

le **dilettante**, the dilettante, smatterer, trifler

disparaître, to disappear, be missing

se **dissimuler**, to hide oneself

le **doigt**, the finger

le, la **domestique**, the servant

dominer, to dominate, be master of

dorloter, to coddle, make much of

la **douleur**, grief, pain

dresser, to set upright; *se dresser*, to stand up

le **droit**, right; law

une **drôle** de lettre, a funny sort of letter

la **durée**, the duration

ébaubi, flabbergasted

ébranler, to shake, disturb, unsettle

écarter, to set on one side; *écarté*, at a distance

un **échalas** (vine or hop) pole, prop, stick

une **échalote**, a shallot

échapper, to escape

une **écharpe**, a scarf; *en écharpe*, in a sling

éclairer, to light up, enlighten

un **éclat** (*m.*), an outburst; brilliance

éclater, to splinter, explode, burst

l'**économie** (*f.*), economy, thrift; *les économies*, savings

écossais, Scotch

s'**écouler**, to flow by, pass by

le poste d'**écoute**, the listening post

écouter, to listen to

un **écran**, a screen

écraser, to crush, smash, shatter, overwhelm

l'**écriture** cursive (*f.*), running hand (writing)

s'**écrouler**, to fall down, collapse

édénique, recalling the Garden of Eden

un **édredon**, an eiderdown quilt

effacer, to wipe out, remove, obliterate; *s'effacer*, to stand back, retire into the background

effarant, alarming, bewildering

s'**effondrer**, to collapse, break down

effroyable, frightful

s'**égoutter**, to drip

égrener, to shell, tell off, pay out, let fall

élever, to bring up, educate

d'**emblée**, at the outset, right away

embourbé, covered with mud

une **embûche**, an ambush, hidden danger

émettre, to send out, express, utter

emmener, to take away

émouvoir, to move, move to pity

empaqueter, to pack up

empêcher, to hinder, prevent

un **emplacement**, a site

empoigner, to seize (with the fist), get hold of

emporter, to carry away

un **empoté**, a booby, nincompoop

l'**empressement** (*m.*), eagerness, alacrity, cordiality

s'**empresser**, to be eager, flock round

enchevêtré, entangled, confused, overlapping

un **enclos**, an enclosure, paddock

encombré, encumbered, thronged

encourir, to incur, bring upon oneself

endiablé, devilish, mad, furious

un **endroit**, a place, spot

l'**enfer** (*m.*), hell

enfiévré, feverish, in a fever

enfoncer, to stave in; sink, sink down

s'**enfuir**, to run away

engloutir, to engulf, swallow up

s'**enliser**, to sink in (or, as in) a quicksand, to be engulfed

enluminer, to colour; *s'enluminer*, to flush, redden

un **ennui**, a worry, vexation

ennuyer, to vex, bore

s'**enquérir**, to inquire

enrouler, to roll, roll up

enrubanné, decked with ribbons

enseigner, to teach

entendre, to hear, understand; *s'entendre*, to understand, manage; *bien entendu*, of course, to be sure

une **entente**, an understanding, harmony

enterrer, to inter, bury

entonner, to intone, chant

un **entonnoir,** a funnel; shell-hole

entourer, to surround

les **entrailles** (*f.*), entrails; innermost feelings

l'**entrain** (*m.*), ardour, animation

entraîner, to drag away, carry off

entre-bâillé, half open, ajar

une **entrée,** an entrance

s'**entrelacer,** to be entwined, interlock

s'**entretenir,** to maintain oneself; converse, commune

envahir, to invade, overspread, seize upon

à l'**envi,** vying with each other, eagerly

un **envoi,** a sending, consignment, package

envoyer, to send

épaissir, to thicken, fill out

épargner, to spare, save

épique, epic

une **éponge,** a sponge

épouser, to espouse, marry

épouvantable, dreadful, shocking

éprouver, to experience, feel

l'**équilibre** (*m.*), equilibrium, balance

éreinter, to break the back of, knock up, use up

une **escadrille,** a squadron (lit. of ships)

un **escalier,** a staircase

escrimer, to fence; *s'escrimer à*, to fight with, wrestle with

espacé, extended, long, less frequent

une **espèce,** a species, kind, sort (used in slang to emphasise an abusive word—*espèce de même*, horrid brat)

l'**espérance** (*f.*), hope, hopefulness

espiègle, mischievous, flippant

l'**espionnage** (*m.*), spying; *le service d'espionnage*, secret service

l'**esprit** (*m.*), mind, intelligence, wit

esquisser, to sketch, outline, contemplate

l'**Est** (*m.*), the East

s'**établir,** to establish oneself, settle

étaler, to spread out, display, expose, parade

un **état,** a state, situation, condition; *un état-major*, a staff

s'**éteindre,** to be extinguished, go out, become dim—or extinct

étouffer, to stifle, suppress

l'**étourderie** (*f.*) giddiness, thoughtlessness

étrange, strange, odd

étranger, foreign, strange, unknown; *étranger à*, ignorant of, free from

étrangler, to strangle, choke

un **être,** a being, creature

étreindre, to clasp; *étreindre le cœur*, to make one's heart bleed

étroit, narrow, close, intimate

évacuer, to evacuate, clear

un **événement,** an event

s'**évertuer** (to practise virtue) to exert oneself, make an effort

évoquer, to evoke, call forth —or up, raise, suggest

l'**exaltation** (*f.*), excitement frenzy

un **exemplaire,** a copy (of a book), specimen

par **exemple!** (*m.*), well now my hat! bless me!

exprimer, to express

extirper, to extirpate, uproot

extraire, to extract, extricate

faire, to make, do, play, act clean, accustom; *faire état de*, to consider, care for *faire mine de*, to show sign of, make as if; *faire semblant*, to pretend; *faire toucher tout ça d'un peu près* to show what's what; *ne pas se faire faute*, not to refrain from; *on ne s'en fait pas* nothing doing

le **faiseur,** the maker, tailor

la **fantaisie,** the fancy, whim

la **faute**, the fault, mistake; *faute de quoi*, for lack of which

le **fauteuil**, the armchair, stall (in theatre)

faux, false, wrong

le **faux-col**, the collar (attached to shirt)

à la **faveur** de, favoured by, under cover of

la **femme** de chambre, the housemaid

la **ferme**, the farm

la **Fête-Dieu**, Corpus Christi, festival of the Holy Sacrament, first Thursday after Trinity Sunday

le **fétu**, the straw, shred, scrap

la **feuille**, the leaf

feuillu, leafy

se **fiancer**, to become engaged; *le fiancé*, the betrothed, future husband

la **ficelle**, string

ficher, to put, place, put upon, 'land'

fichtre! hang it all!

la **fierté**, pride

la **fièvre**, fever

la **figure**, the form, face

le **fil**, the thread, wire

filer, to spin, spin out, run, slip away

la **fillette**, the young—or little —girl

Fingal, Irish hero of the third century, subject of the poem of "Ossian," 1762

flamboyer, to flame, gleam, glitter

le **flegme**, phlegm, calmness

le **flemmard**, the 'slacker'

fleurir, to flower, blossom

le **fleuriste**, the florist

la **foi**, faith

le **foie**, the liver

la **fois**, the time, occasion

le **fond**, the bottom, background

forcément, of necessity

le **forfait**, the forfeit; crime

un peu **fort**, a bit too bad

foudroyant, thundering, shattering, terrific

la **foule**, the press, crowd, throng

la **fournaise**, the furnace

le **fourniment**, the equipment

fournir, to furnish, supply, give; *fournir* (or *faire*) *ses preuves*, to show what one is made of, show that one is 'the right stuff'

'**fourragé**,' shaken up, knocked about

le **foyer**, the hearth, home, centre

frais, fresh, cool

les **frais** (*m.*), expenses; *faire des frais*, to go to expense, make effort

franchir, to pass over, cross

frapper, to knock, strike

le **Frère**, the friar

frileux, chilly, sensitive to cold

frissonner, to shudder

avoir **froid** (*m.*), to be cold; *avoir froid aux yeux*, to be wanting in pluck

le **front**, the forehead; front (in war)

frotter, to rub

la **fugue**, the fugue; flight; *faire une fugue*, to run away, 'bolt'

la **fumée**, smoke

le **fût**, the cask; shaft; stock (of gun)

G.Q.G., le grand quartier général, G.H.Q.

gaillardement, cheerily, boldly

la **gale**, mange; *vilain comme la gale*, ugly as sin

le **galimatias**, rigmarole

le **galon**, the (soldier's) stripe

gambader, to gambol, frisk about

le **gamin**, the urchin, rascal

prendre **garde**, to take care, pay attention, notice

la **gare**, the (railway) station

garnir, to furnish, provide, garnish

gaspiller, to waste, squander

gâter, to spoil

gauche, left; awkward, clumsy

le **gavroche**, the street urchin (character in Victor Hugo's novel, *Les Misérables*)

geler, to freeze

gémir, to groan

le **gendre**, the son-in-law

gêner, to embarras, disconcert

le **généralissime**, the commander-in-chief

le **genre**, the kind, species; gender; style, fashion

gentil, nice

la **gentillesse**, grace, delicate charm

le **geste**, the gesture, action, movement

le **gilet**, the waistcoat

glabre, smooth, clean-shaven

glacial, icy, frigid, very cold

gluant, sticky

gonfler, to swell

le **goret**, the pig (strictly, a young pig,—*la truie et ses gorets*)

la **gorge**, the throat

la **gorgée**, mouthful (of something to drink)

le **gouffre**, the gulf, abyss

la **gousse**, the pod, head (of garlic or shallot)

le **goût**, taste

le **goûter**, the afternoon meal

la **goutte**, the drop; gout

la **gouvernante**, the governess

gracieux, graceful, engaging; gracious

le **grade**, rank, position, post

la **graine**, the seed

grandir, to grow, grow bigger

la **grappe**, the bunch

gras, fat, rich, fertile, 'meaty'

les **gravats** (*m.*), builder's waste, débris of plaster, etc.

le **gravier**, gravel

à mon **gré**, to my liking, in accordance with my wishes

la **grêle**, hail

le **grenier**, the loft, attic

le **gribouillage**, the scrawl

la **grille**, the railings, (iron) gate

grommeler, to grumble, mutter

guetter, to watch, lie in wait

le **guichet**, the wicket; booking-office (window)

(La lettre *h* est aspirée dans les mots précédés d'un astérisque)

habile, able, clever, knowing, cunning

s'**habiller**, to dress

habiter, to inhabit; dwell, live

une **habitude**, a habit

*****hacher**, to chop, mince; *haché menu comme chair à pâté*, made mincement of (chopped small like mincemeat)

le *****hangar**, the shed

*****harceler**, to harass, worry, annoy

courir sur l'*****haricot** à qqn., ' to get on one's nerves,' bore (*le *haricot*, the bean; in slang *l'haricot=tête*)

se *****hasarder**, to risk, venture

la *****hâte**, haste

se *****hausser**, to raise oneself, be heightened, increase

*****haut**, high, loud; *tout haut*, aloud

*****hautain**, haughty, proud, lofty

une **hécatombe**, a hecatomb, massacre

hermétiquement, hermetically (used ordinarily of air-tight sealing)

le *****héros**, the hero

sur l'**heure** (*f.*), instantly, forthwith

*****hiérarchique**, hierarchic, in their several grades

*****hocher**, to shake, jerk

le *****homard**, the lobster

*****hors** de danger, out of danger

un **hôte**, a host, guest

la *****housse**, the (loose) cover, dust-sheet

humide, damp, moist

l'**hygiène** (*f.*), hygiene, health, régime; *une bonne hygiène*, careful living

un **hymne**, a national anthem

ignorer, to be ignorant of, not to know

impotent, helpless

s'**imprégner**, to be permeated, saturated with

improviser, to improvise, set up hurriedly

l'**impuissance** (*f.*), powerlessness, inability

une **impulsion,** an impulse, impetus

inadmissible, inexcusable

inappréciable, inestimable, beyond price; imperceptible

inassouvi, unsatiated, not satisfied

inattendu, unexpected

inconnu, unknown

inconscient, unconscious

incontinent, without pause, immediately

indigner, to make angry, exasperate

inépuisable, inexhaustible

inerte, inert, helpless

infirme, invalid, crippled

une **infirmière,** a (hospital) nurse

informe, shapeless, misshapen

l'**ingénuité,** ingenuousness, artlessness, simplicity

ingénument, ingenuously, artlessly, innocently

ingurgiter, to pour in, to administer

inhabile, unskilful, not clever

inintelligible, unintelligible, incomprehensible

innommable, unnameable, nameless

inouï, unheard of

une **inquiétude,** an anxiety, apprehension

insensé, senseless

l'**insouciance** (*f.*), carelessness, nonchalance

s'**installer,** to establish oneself

un **instituteur,** a schoolmaster, teacher (in an elementary school)

intenable, untenable

un **intermédiaire,** a medium, intermediary

interroger, to question

un **intrus,** an intruder

irréfutable, irrefutable, unanswerable

ivre, inebriated, intoxicated, tipsy

jadis, formerly, in the past

jaloux, jealous

la **jambe,** the leg

jaune, yellow

la **jeunesse,** youth, young people

joliment, prettily, 'awfully'

le **jonc,** the rush, cane

la **joue,** the cheek

jouer, to play

juger de, to pass judgment on, weigh up

juguler, to strangle

jumelé, twin, coupled

jusqu'ici, up to now

au **juste,** exactly; *comme de juste,* as is right, rightly enough

là-bas, down there, over there

lâcher, to release, let go

laid, ugly

la **laine,** wool

le **lambin,** the slowcoach, dawdler

lancer, to dart, throw out, send out

le **langage,** the dialect, language, style of speech

la **larme,** the tear

le **lavabo,** the washstand

le **lecteur,** the reader

légitime, legitimate, justifiable, excusable

le **lendemain,** the morrow, day after

leurrer, to lure

se **lever,** to get up

la **lèvre,** the lip

libre, free, unoccupied

le **lien,** the bond, band

le **lierre,** ivy

le **lieu,** the place, scene

ligoter, to bind

lisible, legible, readable

livrer, to deliver, surrender, yield

lointain, distant

à la **longue,** in the long run, as time passes

la **lorgnette,** the glass, opera-glasses

depuis **lors,** from that time

louer, to let; to praise

lourd, heavy, weighty

le **loyer**, the rent
la **lumière**, light
les **lunettes** (*f.*), spectacles
la **lutte**, the wrestle, struggle
le **lycée**, the (secondary) school

la **mâchoire**, the jaw
le **maçon**, the mason, brick-
layer
le **maître** d'hôtel, the head-
waiter, butler
le **mal**, evil, trouble, ache
maladroit, clumsy, awkward
le **malaise**, sickness; uneasiness,
embarrassment, depression
malgré, in spite of
le **malheur**, the misfortune,
calamity
la **malignité**, malice, mischiev-
ousness
la **manche**, the sleeve; *la
Manche*, the Channel
manquer, to miss; be missing;
fail; *manquer de*, to lack,
escape, nearly to...; *il
manque au chien*, the dog is
without, the dog needs
le **mari**, the husband
la **marmite**, the stock-pot,
camp-kettle; (heavy) shell,
'Jack Johnson' (=*obus*)
le **marmot**, the small child,
brat
la **marraine**, the god-mother
le **marteau**, the hammer
le **martinet**, the swift
matelassé, padded
la **maternité**, motherhood
la **matinée**, the morning; *faire
la grasse matinée*, to lie (late)
in bed
maudit, accursed, confound-
ed
maussade, surly, gloomy
le **mécanicien**, the mechanic
la **méchanceté**, wickedness,
naughtiness
la **médaille** au ruban jaune=*la
médaille militaire*, military
decoration next in distinc-
tion to the *croix de la
Légion d'honneur*
méduser, to stupefy, horrify
le **mélange**, the medley, mix-
ture, alloy, combination

mêler, to mix, mingle; *se
mêler de*, to meddle with,
presume, take upon oneself
le **melon**, the melon; bowler
(hat)
le **membre**, the member, limb
le **ménage**, the household,
house; *s'établir en ménage*,
to set up housekeeping
ménager, to husband, use
wisely, make the most of
mener, to lead, bring, take;
ne pas en mener large, not to
make oneself conspicuous,
not to 'spread oneself out'
menu, minute, small, petty
mépriser, to despise, be contemptuous of
méridional, southern, south
mériter, to merit, deserve
le **merle**, the blackbird
mesquin, mean, paltry
à **mesure** que, in proportion
as, as
méticuleux, meticulous, scru-
pulous
le **métier**, the trade, occupation
le **Métro**, the 'Tube' (metro-
politan railway)
le **meuble**, the piece of furni-
ture
midi, midday, 12 o'clock
la **mie**, the crumb
mignon, darling, pet
le **millier**, the thousand
la **mine**, mien, appearance, air
le **ministère**, the ministry
la **mitrailleuse**, the machine-
gun
à **moins** que...ne, unless
la **moitié**, the moiety, half
le, la **môme**, the child, 'kid'
monter, to mount, ascend, go
upstairs; excite, rouse
le **monticule**, the hillock, mound
le **motif**, the motive, cause,
reason, subject
le **moucheron**, the brat, whip-
persnapper
moudre, to grind
mouiller, to wet; *se mouiller*,
to grow moist
le **moulin**, the mill
la **mousse**, moss

le **moyen**, the means
muet, mute, dumb, silent
la **musique**, music, band
mutilé, maimed, disabled

naître, to be born; *naissant*, growing, budding
nantir, to secure, provide
narguer, to defy, flout, snap one's fingers at
néanmoins, nevertheless
la **neurasthénie**, nervous debility; *faire de la neurasthénie*, to suffer from neurasthenia
neurasthénique, neurasthenic, suffering from nerve trouble
la **niche**, the niche, recess, kennel, house (for dog)
les **nippes** (*f.*), clothes, kit, ' togs '
les **noces** (*m.*), nuptials, wedding
la **noctuelle**, the owl-moth
nombreux, numerous
nonobstant, notwithstanding, in spite of
normand, Norman
la **nostalgie**, home-sickness, heart-ache
le **notaire**, the lawyer
nourrir, to nourish, feed
noyer, to drown
le **nuage**, the cloud
la **nuance**, the shade (of colour)

un **oasis**, an oasis, cool spot
obéir, to obey
s'**obstiner**, to be obstinate, persist
un **obus**, a shell
un **office**, duty, (church) service; *une office*, a pantry, servant's room
une **ombre**, a shade, shadow
opiner, to opine, express one's opinion
une **orbite**, an orbit, socket
ordonné, orderly
une **oreille**, an ear
un **oreiller**, a pillow
une **ornière**, a rut
un **os**, a bone
oser, to dare, venture
ourler, to hem
un **outil**, a tool

en **outre**, besides, moreover
une **ouvreuse**, a box-opener, attendant (in the theatre)

le **paillasson**, the (straw) mat; door-mat
paisible, peaceful
le **paletot**, the overcoat
le **palier**, the landing, top of the stairs
palpiter, to palpitate, quiver
le **pan**, the side, piece (of wall) ; skirt
le **panier**, the basket
le **papillon**, the butterfly; *les papillons noirs*, hobgoblins, bogies
paradisiaque, like Paradise
parcourir, to run through— or over, traverse
pardi ! egad ! why, to be sure !
pareil, like, similar
le **parent**, the parent, relation, relative
entre **parenthèses** (*f.*), in parenthesis, by the way
parier, to wager, bet
la **parole**, the word, statement; *prendre la parole*, to begin to speak, speak next; *recouvrer la parole*, to find one's tongue again
la **part**, the part, share; *quelque part*, somewhere
partager, to share, divide
la **particularité**, the peculiarity
la **partie**, share, portion; side, match
à **partir** de, from, beginning from
partout, everywhere
parvenir à, to arrive at, reach, succeed in
le **pas**, the pace, step
la **passerelle**, the footbridge
passionnant, exciting, sensational
la **pâte**, paste, dough, pulp
la **pâtée**, mash (for birds or animals)
le **patelin**, the tiny village
la **patte**, the paw, foot
le **pavé**, the roadway
le **paysage**, the countryside, landscape

la **peau**, the skin

peigner, to comb (or brush) the hair

peiner, to toil, slave

le **peintre**, the painter

la **pelle**, the shovel

se **pencher**, to lean

pénible, painful

percevoir, to perceive; collect

peser, to weigh; *pesant*, weighty, heavy

la **petite-fille**, the grand-daughter

peu, few; little, not much; *depuis peu*, for some little time past, recently; *à peu près*, almost, very nearly

la **phase**, the phase, period, stage

la **photographie**, the photograph

la **pièce**, the article; room

la **pioche**, the pickaxe

piquer, to sting, prick, bite; be pungent, be biting

la **place**, room, space; *place à*, room for, make way for

plaindre, to pity; *se plaindre*, to complain

la **plaine** Saint-Denis, on the northern outskirts of Paris

plaire, to please

plaisanter, to joke, jest about

le **plaisir**, pleasure; *à plaisir*, freely, wantonly

le **plant**, the sapling, seedling

la **plate-bande**, the (garden) border, plot

platement, flatly, plainly

plein, full; *en plein bonheur*, in the midst of happiness; *pleins et déliés*, downstrokes and upstrokes (stout and slim)

pleurer, to weep, shed tears

pleuvoir, to rain

plonger, to plunge, dive

la **plupart**, the larger part, majority

le **pneu**, the (pneumatic) tyre

le **poids**, the weight

la **poignée**, the fistful, handful

le **poil**, hair (of animal or beard)

le **poilu**, the hairy one, 'Tommy' —soldier of the Great War

la **poire**, the pear; 'muff,' 'mug' —person easily deceived

le **poivre**, pepper

poli, polite

le **poltron**, the coward

la **pompe**, the pump; pomp

la **porcelaine**, china

porter, to bear; enter; report; *porter le pied petit*, to have small feet

posément, composedly, calmly

poser, to place, put, set, fix

le **potage**, soup

le jardin **potager**, the kitchen-garden

la **poudre**, powder

le **poulet**, the pullet, chicken

pourtant, for all that, however

pousser, to push, drive; grow

la **poussière**, dust

précipité, hurried, hasty

préciser, to state precisely, specify

précoce, precocious, very early

le **préjugé**, the prejudice

présenter, to introduce

presser, to press, oppress, hurry; *pressant*, pressing, urgent, importunate

prétendre, to claim, make out

prêter, to lend; *se prêter*, to lend oneself—itself, adapt oneself

primaire, primary, elementary

priver, to deprive; *privé*, bereft; private, tame

se **produire**, to happen, appear, manifest itself

proéminent, conspicuous

profond, profound, deep

la **proie**, the prey

promener, to take out, take for an airing—or a walk; *se promener*, to go for a walk

propre, own, peculiar; adapted, calculated; neat, clean

le **propriétaire**, the landlord

provenir de, to issue from, proceed from, spring from

la **pudeur**, shyness, reserve, modesty; chastity

puissant, powerful, strong

le **quai**, the embankment, (railway) platform

quasi, almost, as it were, so to speak

que de fois ! how many times !

la **queue**, the taie; cue; queue; *à la queue leu leu*, one close behind the other

de **quoi**, something, anything, enough

rabattre, to beat down; *en rabattre*, to come down a peg, modify one's opinions

raccommoder, to mend, repair

raconter, to recount, relate

radicalement, radically, absolutely

rafraîchir, to refresh, invigorate

le **raisin**, the grape

se **rallumer**, to be lighted again

ramasser, to collect, pick up; *ramasser une pelle*, 'to go a header'

ramper, to crawl, cringe, grovel

la **ramure**, the boughs, branches

le **rang**, the rank

ranger, to arrange, put in order

ranimer, to revive, reinvigorate

rapiécer, to patch

le **rapport**, the bringing back; report; *rapport à*, concerning, on account of, for the sake of

le **rayon**, the ray, beam; shelf

rayonner, to shine, beam, be radiant

récalcitrant, recalcitrant, refractory

le **récepteur**, the receiver, receiving instrument

la **recherche**, the search, research

le **récit**, the narrative, story

reconduire, to take back, accompany back

reconnaître, to recognise

le **recours**, recourse, resort

la **récrimination**, recrimination, reproach

rectifier, to rectify, adjust

regarder, to look at, examine; watch, look

le **règne**, the reign

la **reine-Claude**, the greengage

les **reins**, the kidneys, back

réjouir, to cheer, enliven

la **relève**, the relief (relieving company)

relever, to raise again, recover

reluire, to shine, glitter; *reluisant*, shining, brilliant, showy

la **remise**, the putting back—or off; handing over, conferring; coach-house, shed

remonter, to raise, put higher, wind; revive, rouse, enliven

remplir, to fill, fulfil, discharge

remuer, to move, turn over, dig

la **rêne**, the rein

le **reniement**, the denial

renouer, to knot again, resume, continue

le **renseignement**, information, intelligence

renseigner, to direct, inform, coach

rentrer, to come in, come home

répandre, to spread, spill

le **repas**, the repast, meal

repérer, to locate, detect, 'spot'

le **répit**, respite, intermission

reposer, to rest; lay down; *se reposer*, to lie down

repousser, to push back, draw away

reprendre, to take up again, resume

les **représailles** (*f.*), reprisals

à plusieurs **reprises**, several times, on several occasions

réquisitionner, to commandeer

ressentir, to feel, experience

la **resserre**, the toolhouse, storeroom

rester, to remain, stay behind

résumer, to summarise, sum up

le **retour**, the return

retourner, to go back; *se retourner*, to turn round

le **retrait**, the withdrawal, recess; private room, off-shoot

se **retrancher**, to entrench oneself

la **réunion**, the meeting, party

la **réussite**, the issue, end; success

en **revanche** (*f.*), by way of compensation, as a set-off

le **revers**, back (of hand); reverse

la **revision**, revision, re-examination

revoir, to see again

le **rez-de-chaussée**, the ground floor

ricaner, to giggle, snigger

rire, to laugh; *avoir le mot pour rire*, to be able to make jokes

romanesque, romantic

rompre, to break

la **rougeole**, measles

la **rouspétance**, resistance, opposition

Roussaud, ' carroty,' ' ginger '

la **routine**, the routine, beaten track

le **ruban**, the ribbon

rude, rough, coarse

sacré, sacred, cursed, blasted

le **salaud**, ' rotter '; *ce salaud de chemin*, this infernal road

la **salle**, the room, hall

le **salon**, the drawing-room

le **sanglot**, the sob

la **santé**, health

saoul, drunk, tipsy

la **sape**, the sap, covered trench

sarcler, to hoe

sauf, safe; save, except

le **savant**, the learned man, scholar; *savant*, learned, scholarly

savoir, to know, know how, be able

savonner, to soap

sec, dry

secouer, to shake, rouse

secourir, to succour, help

le **secteur**, the sector

semer, to sow

la **semonce**, the reprimand, scolding

la **sensibilité**, sensitiveness, feeling

le **sentiment**, sentiment, feeling

le **sérieux**, seriousness, gravity

serrer, to press, squeeze, pinch

servir, to serve, serve up, serve the meal; *servir de*, to act as; *se servir de*, to use, make use of

le **seuil**, the threshold, entrance

le **siège**, the siege; seat

le **sifflet**, the whistle

signaler, to describe, point out, mention

le **simple** soldat, the private

simuler, to imitate, pretend

le **sinistre**, the disaster; *sinistre*, sinister, ill-omened

soigner, to care for, tend, nurse

soigneux, careful

le **soin**, care, attention, effort

le **sol**, the soil, ground

le **soleil**, the sun, sunshine

solennel, solemn, grave

le **son**, the sound; bran

sonner, to sound, ring; *sonné*, rung, struck, completed, full

la **sonnerie**, the ringing, ring

le **sort**, fate, destiny, lot

sortir, to go out; *sortir de*, to come from; *au sortir*, at the outset, on the threshold

le **souffle**, blowing, breathing, breath

souffler, to blow, whisper, prompt

souhaiter, to wish, wish for

soulever, to raise; *soulever le cœur*, to make one feel sick

soumettre, to submit
le **soupçon**, the suspicion
le **soupirail**, the ventilator, air-hole
souple, supple, bendable
sourciller, to frown, wince, show emotion
sourd, deaf; muffled, hollow
sourire, to smile
le **sous-officier**, the N.C.O.
le **sous-sol**, the basement
spontané, spontaneous, outspoken
subordonné, subordinate
subrepticement, surreptitiously
suer, to sweat; *suer sang et eau*, to strain every nerve, be 'in a fever'
suivre, to follow, follow after, pursue
superposé, (set) one above the other
le **supplice**, the punishment, execution
sûr, sure, certain
la **sûreté**, certainty, safety
surhumain, superhuman
surpris (surprendre), surprised
surtout, above all, specially
surveiller, to watch over, look after

la **tache**, spot, stain, freckle
la **tâche**, the task
tacher, to stain, soil, spot
tâcher, to try, strive
tacheté, spotted, speckled
la **taille**, cut, figure, height
tailler, to cut, cut out, prune
tant bien que mal, somehow or other
tantôt, just now, soon, presently
tarder, to delay, be long
la **taupe**, the mole
le **teint**, colour (of the face), complexion
le **témoin**, the witness
tenir à, to be anxious to, try hard to
la **tenue**, appearance, dress, manner, behaviour
le **terrain**, the ground, country

le **terrassement**, earthwork; trench-making
le **terreau**, (vegetable) mould
se **terrer**, to go to earth, dig oneself in
terroriser, to terrorise, terrify
la **tige**, the stalk, stem
tinter, to toll, ring, sound
le **tir**, shooting
à **tire**-d'aile, as fast as wings can go, full speed ahead
le **titre**, the title
toc-toc, 'dotty,' 'balmy'
la **toile**, canvas, cloth
la **toiture**, roofing, roof
le **ton**, the tone
tordre, to twist; *tordant*, 'killing,' screamingly funny
la **torpille**, the torpedo
le **torse**, the torso, trunk
toucher, to touch, draw, receive (money)
le **toupet**, the forelock, impudence, 'cheek'
le **tour**, the round, turn; *à tour de bras*, with might and main
tourbillonner, to whirl round
toutefois, however
le **tragique**, horror, the tragical
en **train** (*m.*) de, occupied in, busy with
traînasser, to protract; loiter
traîner, to drag; delay; lie about; *se traîner*, to drag oneself along, creep
la **tranchée**, the trench
le **traquenard**, the trap, snare
traverser, to cross, pass
le **traversin**, the bolster
tricoter, to knit; *tricoter des guiboles* (des jambes), to 'hare along,' run like a hare
trimer, to drudge, 'sweat,' 'drip'
le **trognon**, the stump, stalk
le **tronc**, the trunk
troublé, confused, nervous, flurried; dimmed, disturbed
la **trouée**, the gap, way, opening
le **tubercule**, the tuber, bulb
tuer, to kill
un bon **type**, a splendid fellow, an 'out and outer'

unique, sole, single, only
utiliser, to make use of

la **vache**, the cow
la **vague**, the wave, surge
le **valet** de pied, the footman
valide, valid, sound, effective
valoir, to be worth, stand for, produce
la **valse**, the waltz
à **vau-l'eau**, down-stream; at sixes and sevens
la **veille**, the vigil, day before
veiller, to watch, be awake; *veiller à*, to take care to
à tout **venant**, to all comers
le **ventre**, the belly, stomach, body
le premier **venu**, the first comer, no matter who (or which), anyone at all
le **ver** luisant, the glowworm; electric torch
verdâtre, greenish
verser, to pour, pour out
vert, green; sour; severe
la **verve**, animation, high spirits, zest
le **vêtement**, the garment, clothes
la **veuve**, the widow
la **viande**, meat

vider, to make void, empty
vif, lively, keen, alive
la **vigne**, the vine
le **vigneron**, the wine-grower
le **violoncelle**, the 'cello
viril, virile, manly
vis-à-vis de, face to face with, with regard to
visqueux, viscous, sticky, clammy
la **vitre**, the window-pane
vitré, covered with glass, glazed
le **voile**, the veil, film, mist
la **voile**, the sail
voire, even, nay even
la **voix**, the voice, vote; *de vive voix*, by word of mouth
le **vol**, the flight, covey
le **volet**, the shutter
la **volonté**, will; *l'homme de bonne volonté*, the willing man, volunteer
volontiers, readily, with pleasure
vouloir, to wish; *en vouloir à*, to have a spite against, bear animosity towards
le **voyou**, the cad, ' bounder,' blackguard

le **zèle**, zeal, warmth, ardour